新教育

NEW EDUCATION

新生命教育研究所

U0802078

新 生命教育

“抗疫”版·中学

顾问

朱小蔓　周国平　孙云晓　成尚荣　刘铁芳　刘　慧　王野川　纪洁芳（台湾）
何荣汉（香港）

编委会主任

朱永新

编委

朱永新　冯建军　袁卫星　许新海　卢志文　李镇西　雷俊林　刘立平
杨春燕　李靖娟　丁　杰　潘　峰　卢　锋

主编

朱永新　冯建军　袁卫星

编写组成员（按姓氏笔画排列）

马季梅　王晓军　石文敏　卢　锋　史　雁　朱华萍　朱丽丹　华　兵　李　喆
何一萍　邹　扬　宋陈红　张　宇　张丽静　金　丽　周　玲　徐　鸽　郭　丽
黄小辉　黄丽芳　龚天宇　谢梓筠　蔡如云　蔡建香　薄伟英

山西出版传媒集团　山西教育出版社

图书在版编目（CIP）数据

新生命教育."抗疫"版.中学/朱永新，冯建军，袁卫星主编.—太原：山西教育出版社，2020.3（2021.2重印）
ISBN 978-7-5703-0915-3

Ⅰ.①新… Ⅱ.①朱… ②冯… ③袁… Ⅲ.①生命哲学-小学-教材 Ⅳ.①G634.201
中国版本图书馆CIP数据核字(2020)第030581号

新生命教育 "抗疫"版 中学
XIN SHENGMING JIAOYU KANGYIBAN ZHONGXUE
朱永新 冯建军 袁卫星 主编

出品人 雷俊林
出版策划 潘 峰
责任编辑 潘 峰
复 审 李梦燕
终 审 郭志强
封面设计 海平面
内文设计 海平面
插 画 海平面
印装监制 赵 群
发行总监 王永江
出版发行 山西出版传媒集团·山西教育出版社
（地址：太原市水西门街馒头巷7号 电话：0351-4035711 邮编：030002）
印 装 山西新华印业有限公司
开 本 787×1092 1/16
印 张 7
字 数 100千字
版 次 2020年3月第1版 2021年2月山西第2次印刷
书 号 ISBN 978-7-5703-0915-3
定 价 16.00元

序言

生命教育，我们一直在努力

当前，一线“抗疫”已经进入关键期。

为这场战疫，我们付出了巨大而惨痛的代价。习近平总书记说，这次抗击新冠肺炎疫情，是对我们国家治理体系和治理能力的一次大考。从一个教育工作者的视角来看，也是对我们教育工作的一次大考。我们看到，这次疫情给全国人民上了一堂生命体验课，确切地说是正在补一堂生命教育课，因为这原本是我们每个人都应该学过的必修课。

生命与教育，本来就是一体的。教育，帮助一个生命从自然人变成社会人，拓展生命的长度、宽度和高度，帮助每一个生命成为更好的自己。在很多场合，我都经常跟人说，如果我们的孩子连生命都没了，那么我们的教育还有什么意义呢？同样，如果我们的社会都不关心社会安全，都忽视生命健康，那我们的经济发展还有什么意义呢？这次疫情所暴露的民众缺乏健康与安全常识、公共卫生知识、避险求生和防范危机等技能普遍不足的问题，对自然和生命缺乏敬畏的问题，再一次呼唤全社会尤其是在教育领域普及生命教育。

从新教育诞生的第一天开始，我们就强调对生命的关注关怀。“为了一切的人，为了人的一切”，这个人本主义的立场，在2000年《我的教育理想》出版的时候，就已经明确提出。从那个时候开始，生命教育就一直是新教育的核心主题。在新教育提出的“研发卓越课程”行动中，就把生命教育作为整个卓越课程体系的基础。经过多年的酝酿和研究，2015年，在第15届全国新教育学术年会上，我和研究团队发布了《拓展生命的长宽高》报告，详细阐述了新教育视野下的生命教育——新生命教育的内涵、价值和实施路径。也是在这次年会上，新教育研究院和山西教育出版社联合成立了新生命教育研究所，开启了研发课程、编写教材、培训推广生命教育教材的工作。2018年，一套贯穿小学一年级至高中三年级的全部22册、共计144课的《新生命教育》全部编写完成并正式出版，受到了全国很多学校师生的青睐和好评。

疫情当下，通过这套丛书我们也在回看：曾经为“防疫”做的课程努力，从最基本的学会洗手、戴口罩、防流感、懂隔离、防疫情，到禁食野生动物、懂得敬畏自然、懂得敬畏生命、学会紧急避险等，那些在一线默默无闻，有时还要“鼓起勇气”去给孩子们上生命教育课的老师们，他们何尝不是孩子生命危机的吹哨人？“抗疫”当下，孩子们特别需要知道的“科学膳食”“锻炼身体”“合理作息”“网络学习”“自我管理”“家庭生活”“情绪管理”等在这套丛书里也都有涉及，都能够有效地指导和帮助孩子在“抗疫”中学会生存、热爱生活。

怎么让新生命教育课程更好地服务和帮助困守在家中的校长、教师、父母和孩子，为他们做一点实实在在的事情呢？这些天来，我和新生命教育研究团队也一直在商量、讨论，边思考，边行动。我们新教育研究院新生命教育研究所执行所长、深圳市新安中学集团第一实验学校校长袁卫星上了一堂别开生面的空中课堂第一课。这第一节课，不是语文课，不是数学课，不是英语课……也不是班会课，而是新教育的生命教育的课。副所长卢锋博士和研究所的同仁第一时间参与了《大疫之下，教育何为？》的编写工作，把生命教育电影课等奉献给疫情之下困在家中的孩子们。山西教育出版社第一时间把这套《新生命教育》中和“防疫”“抗疫”相关的主题编辑成书提供给广大的教育工作者。非常欣慰有这么多人一起在“战疫”。此刻，做生命教育其实就是最大的公益。

去年，我写了一本小书《未来学校:重新定义教育》，里面强调，未来学校的课程一定是以生命教育为基础的。未来学校，本质上就是教育回到生命的地方，是过一种幸福完整的教育生活的地方。未来学校，在本质上和技术本身是没有关系的。

生命教育，就是让教育回家，就是让每个生命成为最好的自己。这条路，让我们一起温暖地走下去。

2020年3月2日

生命教育

亲爱的同学们：

大家好！我是你们的大朋友袁卫星。

今年春节，我们都过了一个特殊的年，同时，也拥有了一个特殊的寒假。今天是原定开学的日子，我们在网上见面，开启空中课堂。这第一课，由我来讲。我这第一课，它不是语文课，不是数学课，不是英语课……也不是班会课，那它是什么课呢？是生命教育的课。

在我们学校生命教育研究与指导中心的墙上，写着这么三句话：生命因独特而弥足珍贵，生命因自主而积极发展，生命因超越而幸福完整。这三句话，实际上是围绕着生命的长、宽、高来展开的。今天我不讲这么深奥，我讲四句话：尊重自然，敬畏生命；身在隔离，心向世界；直面人性，审视自我；致敬英雄，牢记担当。

一、尊重自然，敬畏生命

我们先来看一段视频。(《大自然在说话·大自然母亲》)

看完这段以“大自然母亲”为第一人称叙述的视频，你有怎样的感受？

法国作家雨果有一句话：“大自然是善良的慈母，也是冷酷的屠夫。”

这句话怎么理解呢？我想，它说的是：如果我们善待大自然，她就是善良的母亲，给予阳光雨露；反之，则可能引来晴天霹雳、灾难危机。

一位现代生态学家说：人类是作为绿色植物的客人生活在地球上的。若把这个说法加以扩展，我们便可以说，人是地球的客人。作为客人，我们应当懂得尊重和感谢主人，做一个有教养的客人。甚至，对地球这个特别的主人，我们还要心存敬畏。

日前，国家卫健委专家在接受采访时表示，新冠肺炎病毒不光在感染的人体内看到了，在武汉华南海鲜市场非法销售野生动物的那些摊位上，也分离到了病毒。新冠肺炎病毒来自野生动物，似乎确信无疑。事实上，包括 SARS 在内，当今 78%人类新发传染病都与野生动物有关，或者说来源于野生动物。因此，有人呼吁，修订完善《中华人民共和国野生动物保护法》，并严格执行；中央高层表示，要尽快推动出台生物安全法。

那么，是因为发生了疫情我们才需要保护野生动物吗？除了野生动物，我们怎样对待世界上的其他动物，以及植物，包括一切生命？这两个问题，值得我们思考。

100 多年前，诺贝尔和平奖获得者，德国医学家、哲学家阿尔贝特·史怀哲提出了敬畏生命的伦理思想。他在文章中讲述过童年的一段难忘的经历：

一个春天的早晨，他被他的同学拉去打鸟，但弹弓装上小石头并拉紧之后，他却无法瞄准小鸟，因为有一个神秘的命令来自内心深处："我面对的是一只活生生的小鸟，它是一条生命，绝不能伤害它！"于是，他扔下弹弓，惊走了鸟儿……

史怀哲敬畏生命的伦理认为，一切生命，包括动物、植物和那些看来显得低微的生命都是神圣的。它和我们一样渴求幸福，承受痛苦和畏惧死亡。

史怀哲敬畏生命的伦理还认为，人的存在不是孤立的，它有赖于其他生命和整个世界的和谐。人类应该意识到，任何生命都有价值，我们和它们不可分割。

二、身在隔离，心向世界

我们来看一段视频。(《想念让我们的世界变得更有温度》)

这是央视节目主持人董卿在《朗读者》开场白里说的一段话。这段话，也许道出了此刻我们每一个人的心声。

因为疫情，你们也许有生以来第一次知道并且体会到了什么叫"隔离"；因为疫情，你们有了一个意料之外漫长并且难熬的假期；因为疫情，你们开始想念你的同学，你的老师，你的课堂，你的校园……但我想说的是，隔离的是病毒，阻断的是疫情。在社会中，在世界上，每个人都不可能独立存在；每个家庭也都不是一座孤岛。我们仍和世界有着关联。

英国 17 世纪玄学派诗人约翰·堂恩曾有这样的诗歌片段："谁都不是一座岛屿，自成一体；每个人都是广袤大陆的一部分。"这个片段后来还被美国作家海明威引用了去，印在《丧钟为谁而鸣》扉页上。

现在，请你踏上通往你外部世界的旅程—

首先，重新感受一下你的家庭。趁着居家隔离的时光，品味一下家的味道，品味一下厨房里妈妈忙碌的身影，品味一下饭桌上爸爸叮嘱的话语，品味一下爷爷奶奶花白的头发，品味一下外公外婆深刻的皱纹，你或许会品味到，家是生命的驿站，也是避风的港湾；家是一份关怀，更是一份责任。

其次，重新思考一下你的学校。在这特殊的时刻，学校把课堂搬到空中，把教室架在网上，你能一如往常地投入学习吗？由此联想，如果离开了学校、没有了学校，你还能成为一名自主学习者、终身学习者吗？

再次，重新审视一下你的国家。集中力量办大事，这是我们国家制度和国家治理体系的显著优势。在疫情防控阻击战中，这些显著制度优势正在发挥出空前效应、凝聚起强大的合力，成为我们万众一心、众志成城打赢疫情防控阻击战的信心之源。我们的国家也许还不完美，但是，我们可以通过我们的努力使她变得更好，不是吗？

最后，重新打量一下你的世界。在疫情面前，全人类都是“当事人”。在全球共同抗击新冠肺炎的战役中，世界各国携手同行，守望相助，共克时艰。各国科研机构和科学家也结成联盟，与病毒赛跑，争分夺秒研发有效的疫苗，以挽救更多患者。各国民众除了为疫区和患者提供各种物质帮助之外，还以横幅、信函、视频等为载体，表达对中国人民的支持。在危难时刻同中国站在一起，这是人类命运共同体理念的生动体现和最好诠释。

三、直面人性，审视自我

我们来看一段视频。(《泰坦尼克号》片段)

这是获得第70届奥斯卡金像奖的著名电影《泰坦尼克号》的片段。与其说，这是一部爱情片，我更愿意说它是反映人性的一部电影。在灾难面前，人性得以暴露和展现。

人性善恶说到底其实就是一种选择。

如今，一场突如其来的疫情打破我们原本平凡幸福的生活：春节不能欢聚，企业不能正常开工，学校不能按时开学；同时也展现了不同人性：有人不顾安危，舍小家为大家，最美逆行，毅然奔向抗“疫”最前沿；有人蛮横无礼、拒不配合检查，甚至明知自己患病，却隐瞒病情，传染给别人……还有“天价白菜”“二手口罩”，以及对来自疫区人民的差别对待和歧视……疫情在某种程度上成为一个放大镜，既放大了人性的善良，又放大了人性的阴暗。

有人说，社会是最好的课堂。翻开这本教科书，你能看到：什么是以身许国，什么是精致利己；什么是力挽狂澜，什么是推波助澜；什么是舍生取义，什么是见利忘义；什么是逆向而行，什么是尸位素餐。

而我说，面对疫情，人生就像走进了一个大型的购物广场，正在进行一场关于灵魂、关于人性、关于价值的消费活动。你可以购买诸如生存、健康、幸福、友谊、助人、自尊、自由、自我实现等等的基础价值；也可以购买包括良知、豁达与远见、整体感、惊奇、感激、希望、独立与超然、谦恭、爱、儒雅与和善等等的精神价值；还可以购买例如谨慎、责任、勇敢、自制、可靠、真诚、诚实、公正、无私等等的道德价值；当然，写着和平、正义、宽容、参与、合作、分享、忠诚、坚定、权利、义务等等的社会、政治，乃至宗教价值也摆在货架上任你挑选……

每一次，我和同学们讲述泰坦尼克号故事的时候，都会用这句话来作结：

你可以不高尚，但是决不可以低劣；你可以不伟大，但是一定可以崇高。

四、致敬英雄，牢记担当

我们来听一首歌。(《为了谁(武汉版)》)

22年前，一场突如其来的全流域大洪水，席卷了我国多个地区。无数的“抗洪战士”奋不顾身、抢险救灾，用生命抵挡洪水的场景，在当时青涩的歌手祖海心中，留下了永远难忘的烙印。

22年后的今天，武汉这座城市，因疫情而蒙难。来自全国各地的“逆行者”迎难而上、前赴后继，奔赴抗击疫情最前线。这样的画面令祖海感慨万千，心中有千言万语想要表达。

在这首最新改编的歌曲中，祖海含泪而歌、为爱而唱，真实的情感，自然的流露，引发了我们的共鸣。而MV画面中，“抗疫战士”们的行动、话语更是令人潸然泪下。22年过去，一方有难八方支援的精神还在，医护工作者、人民子弟兵的使命依然在这场“抗疫”战争中，医护人员成了“最美逆行者”，成了时代英雄。武汉金银潭医院院长张定宇，身患渐冻症，每天拖着一双不方便的腿脚，带领医护人员“保卫武汉”，连续三十多天奔走在“抗疫”一线。80多岁的钟南山院士，告诉大家不要去武汉，自己却以最快速度上了“战场”。那么多的医生护士写下请战书，“不计报酬，无论生死”……

而另外一些人，他们没有防护服，没有护目镜，仅靠着一只口罩，一张村民、居民熟悉的脸，一颗为民服务的心，奔走在防疫工作的第一线，用沙哑的声音、忙碌的背影在疫情防控战场上构筑起了一道道“防疫墙”，用实际行动彰显着基层干部、社区工作者的责任和担当，他们不是英雄，胜似英雄。

就拿我们学校来说，因为封城，初三英语老师师秀兰滞留在湖北亲戚家。为了响应“停课不停教、停课不停学”的号召，承担自己班级即将推出的网课任务，又因为当地交通管制没办法用车坐车，她走（步行）了20多里地，想尽办法买了一台新电脑来为接下去的网课作准备。尽管我们和她说过，已经安排好同组老师来顶她的课带她的班了，但这位50多岁的女教师说，这是她分内事。

师老师说的分内事，让我想起责任，想起担当。责任就是做分内应该做的事情，是他律，也是自律；担当是敢于承担责任，关键时刻敢挑担子，责任面前不回避、不推诿、不退缩。

也许，并不是所有人都有做英雄的机会，但所有人都应该且必须做一个负责任、有担当的人。

这一课就讲到这里。老师给大家留个作业：疫情当下、人生未来，你的责任和担当是什么？

我期待着同学们用行动做出答案！

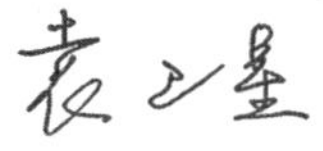

深圳市新安中学（集团）第一实验学校

关注“山西教育出版社”微信公众号，后台回复“开学第一课”即可获取相关视频资料。

目录

“抗疫”主题

“抗疫”主题

疫情中的道德

在这场疫情面前，暴露出了美丑不一、善恶立判的人性，也泥沙俱下地泛滥出各种各样的信息。疫情像一面放大镜，放大了人性，给我们每个人都上了一堂伦理课。

学会自我管理

居家学习生活，如何实现自我管理？管理时间，管理情绪，管理思想，管理学习……谁能管理好自己，谁才是自己真正的主人。

学会疫情处理

疫情给我们警醒，生命需要防范危机，需要懂得紧急避险。生命的威胁何止疫情，你知道守护生命十大黄金避险法则吗？

合理安排作息

有人在家精力过剩，有人在家无所事事，怎么办？居家防疫生活无规律，白天黑夜倒了个，怎么办？不妨试试制定健康计划。

不传谣不信谣

疫情期间，谣言四起，谣言对疫情扩散起到了负面的作用。谣言和病毒，谁是真正的敌人？不信谣不传谣，让科学和真相说话，是社会安全的前提。

“抗疫”主题

感悟生命神圣

第一课

懂得敬畏生命

世界上最大的罪过，就是将生命无辜剥夺。

自我测评

1. 看到石缝间萌发出小小的嫩芽，你会有怎样的感受？(　　)

   A. 觉得正常　B. 觉得好玩　C. 赞叹惊喜

2. 看到路边的流浪动物，你会怎样想？(　　)

   A. 觉得脏　B. 觉得讨厌　C. 觉得可怜

3. 和家人一起去吃饭，发现餐馆的笼子里有野生动物，你会怎么做？(　　)

   A. 觉得野生动物味道好

   B. 觉得野生动物更有营养

   C. 向公安机关举报

4. 秋游时，你和同学偶然发现草丛深处有一窝野鸡蛋，你会怎么做？(　　)

   A. 和同学平分，将蛋带回家中

   B. 保护这窝蛋，不让其他人破坏

   C. 把蛋壳打破，看看里面有什么

5. 看到一则青少年自杀的新闻，你对该少年的做法有怎样的认识？(　　)

   A. 觉得很正常，这种现象有很多

   B. 觉得他一定有苦衷，赞成他的做法

   C. 同情他的遭遇，但是反对他的做法

6. 在情绪失控时，你会通过伤害自己身体的方式发泄吗？(　　)

   A. 有时候会　B. 说不清楚　C. 绝对不会

通过以上测试，在老师的点评下，你对自己的测评结果：

非常满意	满意	一般	不满意	非常不满意

互动体验

【玩一玩】

1. 在全班头脑风暴游戏中，由学生自由说出自己认为最讨厌的动物，并说明原因。

2. 全班投票选出大家认为的最讨厌的前六种动物。

3. 全班分成六组，每组从上述最讨厌的六种动物中抽选一种，为其代言。每个小组都要找出所抽选动物的价值和意义，派小组代表上台发言。

4. 各组发言结束后，学生分享活动心得。

小贴士

人不是自然和大地的主宰者，只是它们的维护者。人应该和动物、植物平等相处。

——[德]海德格尔

【议一议】

这是一个真实的事例，
发生在美国的洛杉矶市——

一劫犯在抢劫银行时被警察包围，无路可退。情急之下，劫犯顺手从人群中拉过一人当人质。他用枪顶着人质的头部，威胁警察不要走近，并喝令人质要听从命令。警察四散包围了他，劫犯挟持人质向外突围。突然，人质大声呻吟起来。劫犯忙喝令人质住口，但人质的呻吟声越来越大，最后竟成了痛苦的呐喊。劫犯慌乱之中才注意到人质原来是一个孕妇，她痛苦的声音和表情证明她在极度惊吓之后马上要分娩。鲜血已经染红了孕妇的衣裤，情况十分危急。

一边是漫长无期的牢狱之灾，一边是即将出生的生命。劫犯犹豫了，选择一个便意味着放弃另一个，而选择却是无比艰难的……终于，劫犯缓缓地举起了枪——他将枪扔在地上，随即举起了双手。警察一拥而上，围观者竟然报之以掌声。

孕妇已不能坚持，众人要送她去医院。戴上手铐的劫犯忽然说："请等一等，好吗？我是医生！"警察迟疑了一下，劫犯继续说："孕妇已无法坚持到医院，随时会有生命危险，请相信我！"警察终于打开了劫犯的手铐。

一声洪亮的啼哭声惊动了所有听到它的人，人们高呼万岁，相互拥抱。劫犯双手沾满鲜血——是一个崭新生命的鲜血，而不是罪恶的鲜血。他的脸上挂着职业的微笑，人们向他致敬，忘了他是一个劫犯。

1. 劫犯为什么放弃了劫持？警察为什么打开了劫犯的手铐？
2. 结合上述故事，谈谈你对敬畏生命的理解。

【辩一辩】

动物与我们共同生活在地球之上，是我们的好朋友，但是人类伤害动物的事件层出不穷。比如，人类过度捕杀老虎，使其濒临灭绝；滥食野生动物，非法捕猎国家级保护动物，使得动物们深受伤害。

对于违法犯罪的行为，同学们普遍认为不能容忍。但是关于动物实验，比如小白鼠实验、活熊取胆等等，有同学说：“为了人类科学的进步，牺牲动物是不可避免的，总不至于拿活人做实验吧！”

小贴士

只有我们拥有对于生命的敬畏之心时，世界才会在我们的面前呈现出它的无限生机。

——［德］史怀哲

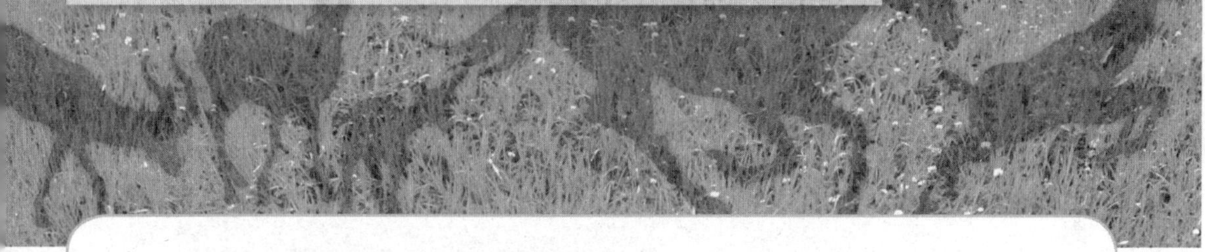

全班分成两组，就以下论题展开辩论：

正方

人类生命和其他物种生命是平等的。

反方

人类生命和其他物种生命是不平等的。

小贴士

每种生命都有其自身的尊严和需求，任何人都不能擅自为其他生命做主，而应该尊重其他生命固有的状态，呵护其生长的环境。否则，就是对生命的戕害。

走进生活

有一天，一只小鸟忽然飞进了小虎的教室里。同学们沸腾起来，有的马上关上门窗，在教室里到处追赶小鸟；有的拿起书本，砸向小鸟；还有的想要捉住小鸟，带回家中自己喂养……

这时，小虎该怎么做？

刚刚进入七年级学习的小虎，觉得学习压力特别大，父母对自己也不像从前那样嘘寒问暖，只是一味地关心他的成绩，小虎情绪很低落，感觉人生没有什么乐趣。

如果你是小虎的同学，你该怎么帮助他？

小贴士

如何帮助他人珍爱生命

①倾听对方的心声，让对方发泄负面情绪。
②和对方聊天，使之认识到生命价值的至高无上。
③和对方一起在大自然中游玩，使之汲取自然生命的力量。
④阅读表现敬畏生命的文字，使之从中得到启发。
⑤分享各自的成长经历，使之认识到个体生命不仅仅属于自我，也属于所有关爱他的人。
⑥寻求父母、教师、心理医生等的帮助。

我的收获

家长分享

老师点评

牵牵大手

动物与我们人类一样，有价值、有意义，也有它们自己的生活方式，更有生命自由的权利。

和家人一起签署保护野生动物家庭承诺书，从自己做起，从家庭做起，关爱动物，敬畏生命！

家庭承诺书

不食用野生动物。

不饲养野生动物。

不惊吓、不虐待、不折磨、不欺辱一切动物。

不购买野生动物制品，如动物毛皮、饰品等。

不采集、购买动物标本。

见到抓捕或销售野生动物的现象要暗中举报。

看到销售抓捕野生动物工具的商家要暗中举报。

在户外见到诱捕动物的锁套、笼网、夹子等应果断拆毁。

承诺人：

监督人：

年　月　日

电影故事

《辛德勒的名单》

导演：史蒂文·斯皮尔伯格
类型：剧情、历史
制片国家 / 地区：美国
上映时间：1993 年
片长：195 分钟

思考与分享

①为什么辛德勒会帮助素不相识的犹太人，甚至不惜倾家荡产？
②战争对生命意味着什么？

影片介绍

1943 年，犹太人遭到了惨绝人寰的大屠杀，辛德勒目睹这一切，受到了极大的震撼。他贿赂军官，让自己的工厂成为集中营的附属劳役营。在那些疯狂屠杀的日子里，他的工厂也成为了犹太人的避难所。

1944 年，德国战败前夕，屠杀犹太人的行动越发疯狂，辛德勒向德军军官开出了 1200 人的名单，倾家荡产买下了这些犹太人的生命。在那些暗无天日的岁月里，拯救一个人，就是拯救全世界。

第二课

优化学习方法

一切知识中最有价值的是关于学习方法的知识。

你将

优化学习方法
享受学习乐趣

小贴士

学习方法不当的表现：

① 学习准备不足
② 没有恒心
③ 死记硬背
④ 学习无计划
⑤ 时间安排不当
⑥ 抓不住重点
⑦ 不能形成知识结构
⑧ 没有思考习惯
⑨ 疲劳学习
……

自我测评

对照自己的学习习惯，用“是”或者“否”来回答。

1. 是否有经常拖延时间导致作业无法按时完成的现象？（　）
2. 是否能按照自己制订的计划来学习？（　）
3. 是否在每天晚上回顾当天所学内容，确认已经掌握？（　）
4. 是否善于运用各种学习方法进行学习？（　）
5. 是否有边读边思考的习惯？（　）
6. 是否只是采用机械记忆法，如英语单词只记读音、拼写而不记意义？（　）
7. 是否在学习疲劳时还继续学习？（　）
8. 是否经常向老师请教不懂的问题？（　）
9. 是否主动整理错题，并及时分析总结？（　）
10. 是否主动去钻研课外的辅导材料并把有用的材料记下来？（　）

通过以上测试，在老师的点评下，你对自己的测评结果：

非常满意	满意	一般	不满意	非常不满意

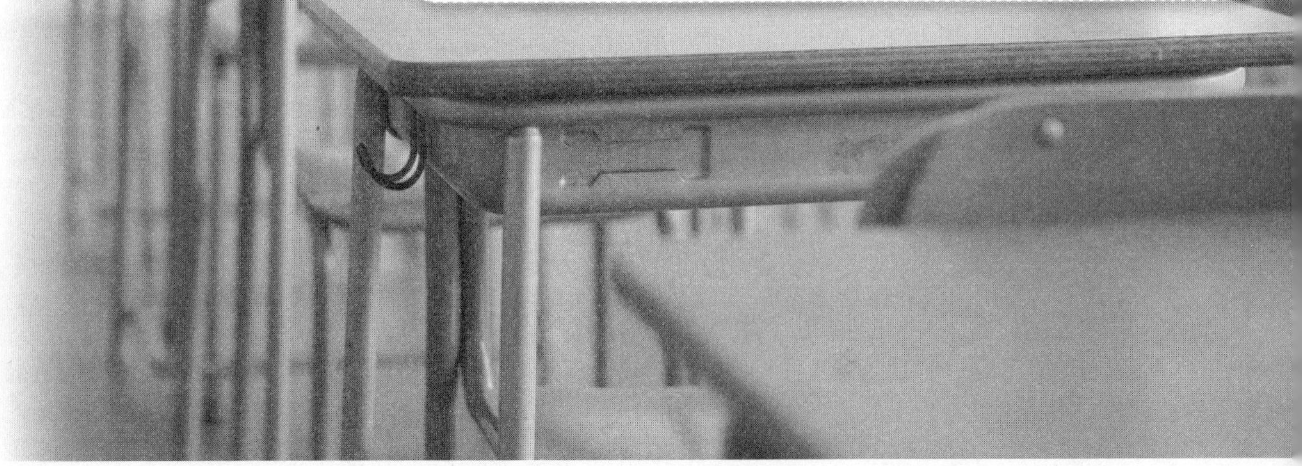

互动体验

比一比

1. 分小组活动，记忆下列内容，比一比哪一组用时更短，回答更完整。要求：由教师随机选取 3 位组员回答或默写。

（1）用 150 秒记忆下面 20 个词语

板凳　汽车　手套　手枪　镰刀　麻花　球拍　蛋糕

筷子　婴儿　医生　钥匙　月饼　衣扣　拐杖　衣架

药酒　按铃　树　　鹅

（2）记忆以下重大事件的发生年代

事件	鸦片战争	中国共产党诞生	马克思逝世	中国加入 WTO
时间	1840 年	1921 年	1883 年	2001 年

（3）背诵圆周率小数点后 30 位数字

3.141592653589793238462643383279

2. 请获胜小组派代表发言，说说都用了哪些记忆方法。

3. 其他小组说说，还有哪些高效的记忆方法。

小贴士

科学的记忆方法：

求理解
勤复习
常强化
抓重点
善归纳
巧记忆
多动笔
……

小贴士

科学做作业要点：

①先复习后写作业
②认真审题
③细心做题
④独立完成
⑤认真检查
⑥系统掌握
⑦分析反思
⑧及时完成

搜一搜

分小组活动，各成员尽可能多地搜集归纳科学有效的学习方法，每组汇总后，派一位代表上台分享，看看哪一组介绍的学习方法最全面、最有效。

我自己搜集的学习方法

其他的学习方法

写一写

给自己制订一个周日的学习计划

时间	内容	备注

小贴士

制订学习计划要点：

① 考虑要全面

把学习与其他活动，如娱乐、运动、陪伴家人等统筹安排。

② 切合实际

不要制订过高或过低的目标。

③ 突出重点

所谓重点，一是指自己的学习中的弱科，二是指各学科中的重点内容。

④ 具有灵活性

计划应保持一定的弹性和保险系数，便于应对偶然情况。

小贴士

学习中粗心的原因：

①自以为是
②审题不仔细
③态度不端正
④注意力不集中
⑤过度紧张和焦虑
⑥基本技能不熟练
……

学习中怎样避免粗心：

①端正态度
②学会勾点圈画
③调整心态，保持适度紧张
④重视运算、强化训练
⑤养成检查习惯
……

走进生活

期中考试结束了，小虎考得不太理想。老师让他做分析总结。他和以往一样写上了“粗心马虎”四个大字。老师让他具体说说为什么会粗心马虎，小虎陷入了沉思……

你觉得小虎该怎么说？他该如何改掉粗心的“毛病”？

进入初中后，英语老师讲课速度快，每一节课的内容都安排得满满的，说是要趁在初一学习不太紧张时，让同学们多积累点单词和短语。小虎边听边记，可是很多时候他感觉都来不及记。慢慢地，他习惯了“教师讲，自己记，复习背”的学习方式。

如果你是小虎的同学，你对他有什么建议？

小贴士

康奈尔式的笔记记录法要点：

①记录：听课过程中，将教师的讲授与板书内容记在主栏里。
②简化：课后，及时简化主栏内容，以摘要形式将听课笔记整理概括出来，提纲挈领地写在回忆栏里。
③背诵：把主栏遮住，只用回忆栏的摘记作提示，用自己理解的语言复述上课内容，然后敞开主栏，对照检查。
④思考：在思考栏里，记下自己的学习心得和体会。
⑤复习：每周花10分钟左右的时间快速复习笔记，主要看回忆栏，适当看主栏。

康奈尔式的笔记记录法

开篇	笔记
●主要的想法 ●为了更好地结合要点所提出的问题 ●图表 ●学习的提示 何时填写： 听课后复习时	●在这里记录讲义的内容 —用简洁的文字 —使用简单的记号 —使用缩写 —写成列表 —要点和要点之间要留有一定的空白 何时填写：听课时

总结

●记录最重要的几点

●写成可以快速检索的样式

何时填写：听课后复习时

电影故事

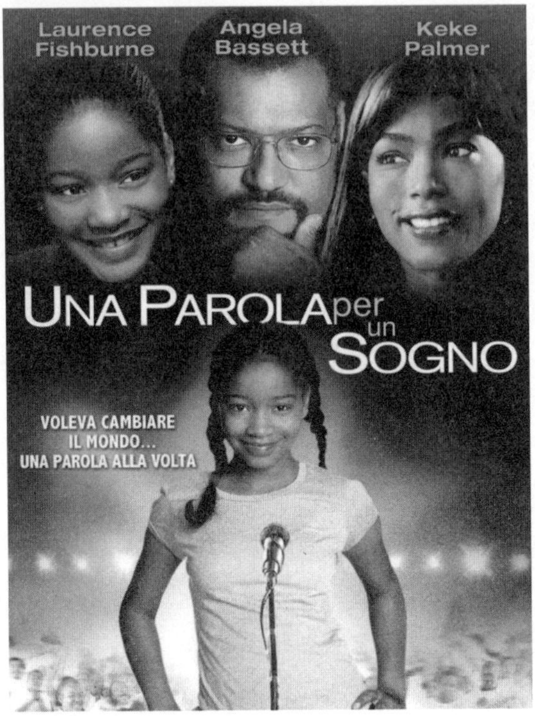

《阿基拉和拼字比赛》

导演：道格·艾奇森
类型：剧情、励志
制片国家/地区：美国
上映时间：2006 年
片长：112 分钟

思考与分享

你觉得阿基拉在拼字游戏中一路胜出的原因有哪些？这对你在学习中有什么启示？

影片介绍

一个 11 岁的黑人女孩，是学校里的捣蛋鬼，这都是因为五年前的丧父之痛带走了她的幸福家庭，老师和家人都不再对她寄予厚望。与父亲玩拼字游戏是阿基拉记忆中最深刻的事。后来阿基拉被发掘出了惊人的拼写天赋，最终她站在了全国拼字决赛的舞台上……

牵牵大手

和家人分享彼此的学习方法，并制订家庭学习计划。

家庭学习计划

学习内容：……………………………………

……………………………………

学习目标：……………………………………

……………………………………

时间安排：……………………………………

……………………………………

方法措施：……………………………………

……………………………………

过程记录：……………………………………

……………………………………

学习结果：……………………………………

……………………………………

我的收获

家长分享

老师点评

“抗疫”主题

学会居家生活

第三课

善为家庭分担

家是一份责任，家是一份担当。

你将

懂得分担家务

学会关爱家人

小贴士

一般家务有哪些？

洗衣刷鞋，
叠衣铺床，
整理箱柜，
清洗马桶，
擦窗扫地，
收拾饭桌，
倾倒垃圾，
洗碗洗筷，
养花浇水，
饲养宠物，
照顾老人，
看护小孩。

自我测评

1. 你能主动帮助家长做一些力所能及的家务吗？（　　）

   A. 能　B. 有时帮着做一些　C. 基本不做

2. 你认为主动做家务是理所当然的吗？（　　）

   A. 理所当然　B. 并不觉得　C. 要看心情

3. 你认为学生在家做家务是否会影响学习？（　　）

   A. 不会影响　B. 有一些影响　C. 会影响

4. 你通常在什么情况下会去做家务？（　　）

   A. 父母要求去做　B. 自愿去做

   C. 当做家务可以得到某种回报时

5. 你是否知道家人的生日并有所表示？（　　）

   A. 知道并有所表示　B. 知道但没有表示　C. 不知道

6. 你会关注家人的情绪变化吗？（　　）

   A. 比较关注　B. 偶尔关注　C. 几乎不关注

通过以上测试，在老师的点评下，你对自己的测评结果：

非常满意	满意	一般	不满意	非常不满意

互动体验

说一说

1. 父母平时的工作以及承担的家务劳动有哪些？

2. 你应该为家里做些什么？已经做了些什么？

3. 你还能为家人做些什么？

4. 分享一下，你在为家庭分担家务时的经验或者心得体会。

小贴士

美国孩子的家务清单

9 个月~2 岁：一些简单易行的事情，如把脏的尿布扔到垃圾箱里。

3~4 岁：把垃圾扔进垃圾箱；帮助家长拿取东西；会使用马桶；刷牙；浇花；睡前整理好自己的玩具；到大门口取回地上的报纸；饭后自己把盘子、碗等放到厨房的水池里；把叠好的干净衣服放回衣柜；把自己的脏衣服放到装脏衣服的篮子里。

5~7 岁：自己铺床；准备餐桌；把洗好烘干的衣服叠好放回衣柜并准备第二天要穿的衣服；在父母的帮助下洗碗、盘子等；独立打扫自己的房间。

小贴士

美国孩子的家务清单

8~12 岁：做简单的饭；帮忙洗车；擦洗地板；清理厕所；扫树叶；扫雪；会使用洗衣机和烘干机；把垃圾箱搬到门口街上(有垃圾车来收)。

13 岁以上：不仅要熟练掌握前几个阶段要求的家务，而且能换灯泡、换吸尘器里的垃圾袋；擦玻璃；清理冰箱；清理灶台和烤箱；列出要买的东西的清单；洗衣服(包括洗衣、烘干衣物、叠衣以及将其放回衣柜)；简单缝纫；修剪草坪；洗车打蜡；维修脚踏车（上油、轮胎打气）。

辩一辩

在生活中，我们经常会看到这样的场景：

场景一：

孩子想帮家长分担家务，家长却说：“你现在是初中生了，学习才是最重要的，家务活等以后再说。”

场景二：

家长要求孩子帮忙做家务劳动，可孩子却说：“我现在学习这么忙，哪有时间干家务！”

全班分成两组，就以下论题展开辩论：

学习忙能否成为不做家务的理由。

正方理由

反方理由

演一演

情境 1

爸爸面临公司裁员，回到家中闷闷不乐。孩子回到家知道了情况后安慰爸爸不要发愁，并鼓励爸爸说一家人的生活一定会越来越好的。

要求：2 人一组，分别扮演爸爸和孩子。进行比较，看哪一组表演得更好。

小贴士

我宁愿用一小杯真善美来组织一个美满的家庭，也不愿用几大船家具组织一个索然无味的家庭。

——[德]海涅

无论是国王还是农夫，家庭和睦是最幸福的。

——[德]歌德

幸福的家庭都是相似的；不幸的家庭各有各的不幸。

——[俄]列夫·托尔斯泰

情境 2

妈妈发烧了，但带病坚持工作，下班回家后躺在沙发上休息。孩子回到家后，主动照顾妈妈，并自己动手做晚饭。

要求：2 人一组，分别扮演妈妈和孩子。进行比较，看哪一组表演得更好。

小贴士

哈佛大学学者曾经做过一项调查研究，得出一个惊人的结论：爱干家务的孩子和不爱干家务的孩子，成年之后的就业率为15:1，犯罪率为1:10。由此可见，家务劳动与孩子的动作技能的提高、认知能力的发展以及责任感的培养有着密不可分的关系。

走进生活

晚饭后，小虎看着劳累了一天的爸爸妈妈，想帮他们收拾餐桌、洗碗，爸爸说："别别别，你还小，这些家务我们大人干就可以了，等你长大了有的是时间干。"

小虎该怎么做？

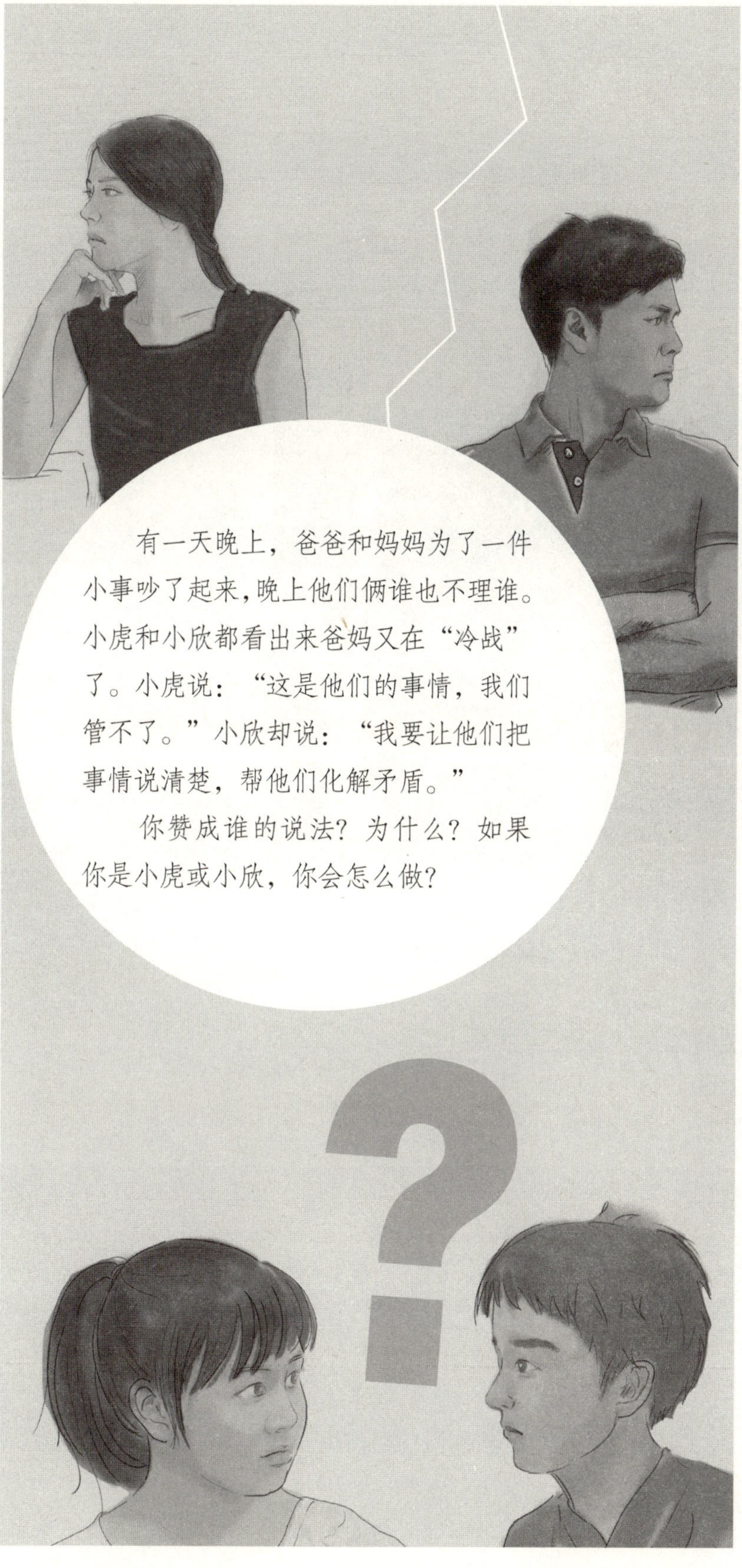

有一天晚上，爸爸和妈妈为了一件小事吵了起来，晚上他们俩谁也不理谁。小虎和小欣都看出来爸妈又在“冷战”了。小虎说：“这是他们的事情，我们管不了。”小欣却说：“我要让他们把事情说清楚，帮他们化解矛盾。”

你赞成谁的说法？为什么？如果你是小虎或小欣，你会怎么做？

小贴士

家庭矛盾“见招拆招”：

一般，父母吵架后会出现三种情况：

一是双方僵持，谁也不肯让步。这时，最需要的是子女的安慰，发挥好润滑剂的作用。

二是吵架后，谁也放不下自己的架子去重归于好。那么做子女的就应该创造各种机会，为双方搭桥，让双方言归于好。

三是一方想和好，另一方却依旧有气在心。这个时候子女要发挥好沟通与传递信息的作用，让还在生气的那一方怒气全消，比如陪爸爸或者妈妈散散步、聊聊天或者写一封信等。但是一定要记住，无论怎样，都应该有耐心，不能急于求成，还要讲究方法，见机行事。

思考与分享

结合影片谈谈在家庭中最重要的事情是什么。

电影故事

《天使海亚》

导演：Gholam Reza Ramezani
类型：剧情
制片国家 / 地区：伊朗
上映时间：2008 年
片长：75 分钟

影片介绍

生活在伊朗某个小乡村的 12 岁小女孩海亚聪明善良，学习优秀。她即将迎来人生中最重要的一场考试。然而，考试前夜，父亲突然病倒了，母亲只得抛下孩子们送丈夫进城看病。海亚和弟弟阿克巴一面匆忙打理家务，一面又要照顾尚在襁褓中的妹妹娜芭。生气的阿克巴独自跑去学校，海亚只能抱着妹妹四处求助，然而人们却因各自的事情无法伸出援手，这令她焦急万分。眼看考试即将开始……

牵牵大手

和你的家人一起说说各自为家庭做了哪些事。比一比谁为家庭付出更多。

家庭成员	所做的事

我的收获

家长分享

老师点评

“抗疫”主题

疫情彰显大爱

第四课

拥有友善之举

友善产生幸福，文明造就和谐。

你将

懂得善恶之辨

学会待人以善

小贴士

善良的心就是太阳。

——[法] 雨果

人如果没有良心，哪怕有天大的聪明也活不下去！

——[苏] 高尔基

在一切道德品质之中，善良的本性在世界上是最需要的。

——[英] 罗素

自我测评

1. 上学路上，看到前方有同学摔了一跤，你会怎么做？（　　）

   A. 嘲笑那位同学　B. 继续赶路不理会　C. 连忙上前帮助他

2. 公交车上很拥挤，坐在座位上的你看到车厢那端有一位老奶奶站着，这时你会怎么想？（　　）

   A. 老奶奶站一次不要紧

   B. 大声提醒老奶奶旁边座位上的乘客让座

   C. 赶快招呼老奶奶，把自己的座位让给她

3. 同学乙不小心把你心爱的书撕坏了，你会怎么做？（　　）

   A. 把乙的书也撕坏　B. 让乙作出相应的赔偿

   C. 安慰他说没关系，那本书你能补好

4. 老师批评小王同学书写不规范。对此，小王应有的正确认识是（　　）

   A. 老师对我太严格　B. 这是老师对我的关爱

   C. 老师影响了我的个性发展

5. 社区开展“我为环卫工人献爱心”活动，你觉得（　　）

   A. 我得为环卫工人做些什么

   B. 我还没赚钱，就没办法参与了

   C. 让爸爸妈妈把买年货的钱拿出来捐给环卫工人

6. 以下观点，你同意（　　）

   A. 买到劣质商品自认倒霉，也是对商家友善的体现

   B. 公交车上，小偷没偷到东西，就原谅他吧

   C. 宽容友善是人际关系的润滑剂，但需要讲原则

通过以上测试，在老师的点评下，你对自己的测评结果：

非常满意	满意	一般	不满意	非常不满意

互动体验

演一演

情境 1：老师让班长发新书，发到小明手里的刚好是有点脏有点破的书……

场景 A：小明不愿意要这本书，双方争吵起来。

场景 B：班长想留给自己，小明坚决不肯。

情境 2：下课了，小明起身往教室外走，不小心撞到了小刚的课桌，小刚课桌上的书本、文具散落了一地……

场景 A：小刚指责小明，小明不肯认错，两人互不相让，打成一团。

场景 B：小明主动道歉，小刚说不要紧，双方一起捡起散落在地上的东西。

【表演要求】

全班同学分小组设计事件双方的表情、动作、语言及心理独白，然后推选同学表演不同的情景。

小贴士

化解矛盾的方法：

①控制自我的情绪，保持冷静。

②适当停止谈论矛盾话题，给予双方冷静思考的时间。

③细听对方的话语，概括对方的话语要点，让对方知道你的认真态度。

④从对方的角度思考问题，积极寻求和解之道。

⑤观察周围环境，注意言辞，避免在公众面前使矛盾升级。

⑥压低音量，让谈话回归正常模式。

……

小贴士

2012 年 3 月 26 日进行的世乒赛团体赛男团 A 组第二轮的一场比赛中，裁判一直要求朝鲜队队员金宋南剪去球拍的胶皮。这件事看似小，其实关系重大。根据国际乒联的规定：如果球拍在赛前被检测不合格，运动员将使用备用板比赛；而赛后若被检测不合格，运动员的成绩就会直接被取消。

可是无论裁判怎样要求，金宋南都没有去剪。这一幕恰巧被坐在赛场边的中国队队员马琳看到了。马琳估计金宋南是忘记带剪刀了。于是，马琳主动走上前去，将自己的专用剪刀递过去，得到帮助的金宋南很快就投入到比赛中。

说一说

1. 相互交流观看上述表演的感悟，每组选出一名代表来发言。

2. 找到班上一位同学，结合日常生活中的事例，对他真诚地说一声“谢谢你”或“对不起”。

3. 和全班同学一起，说说你在生活中遇到过哪些友善之举。

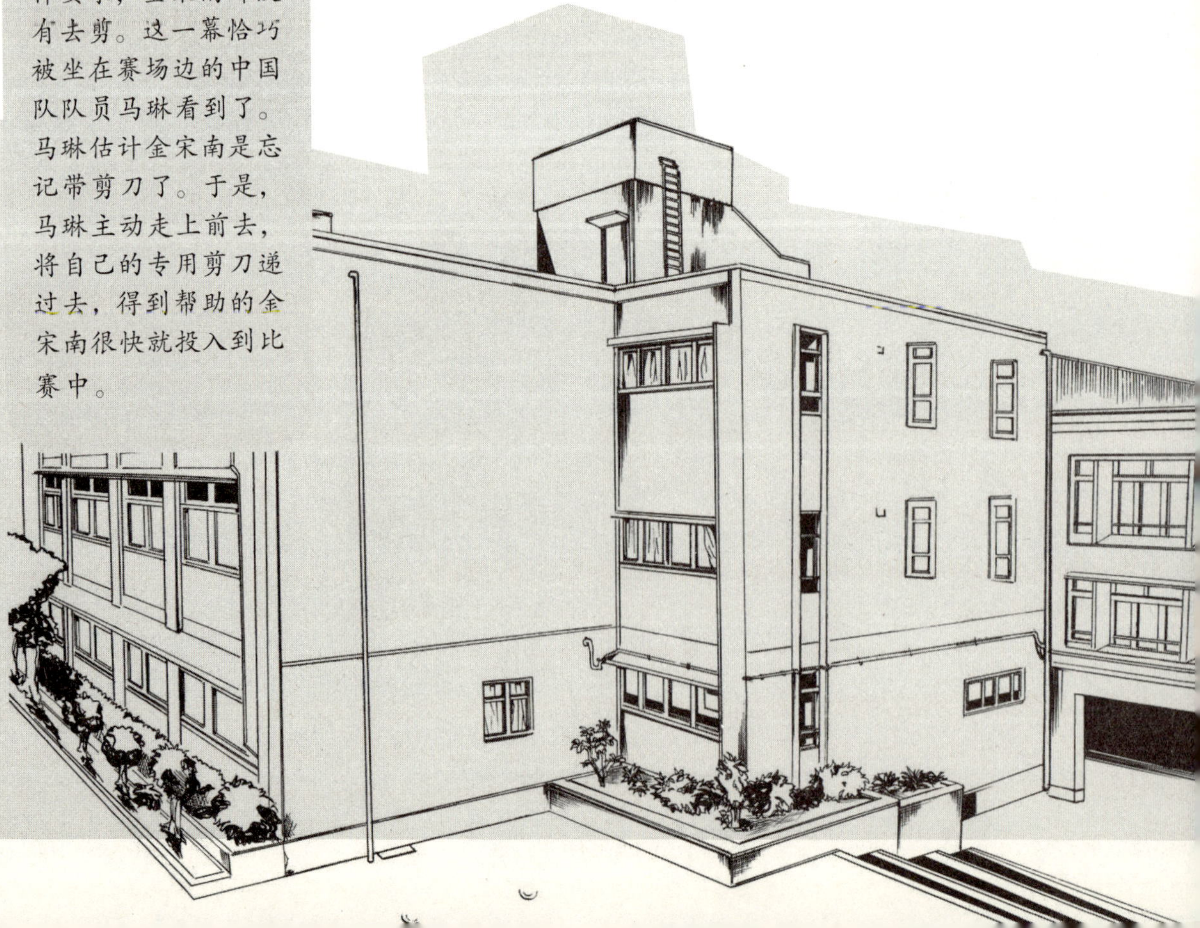

议一议

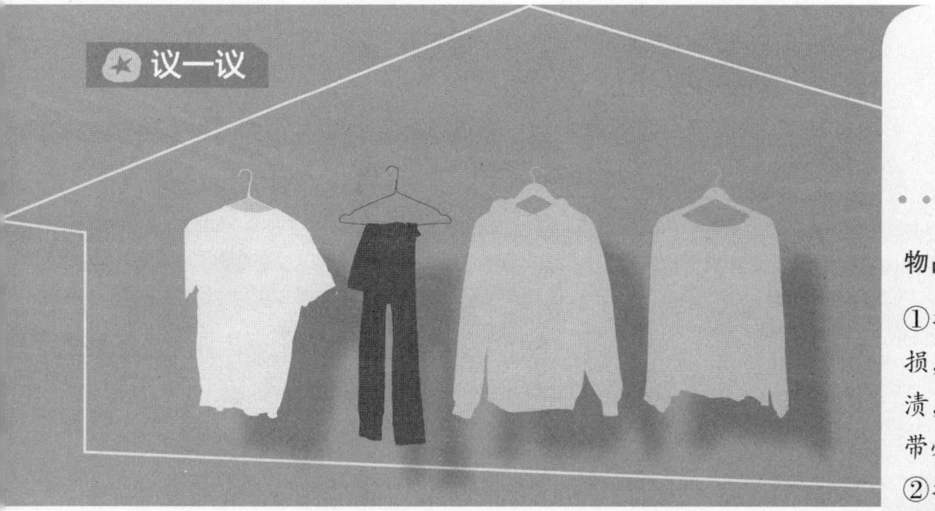

一天，你突然发现自己所住的小区外出现了一面“友善之墙”。大约三米长的墙面上刷上了蓝色底漆，并用黄色笔迹描出一个房屋模样，“屋内”设置了衣服挂钩，在一旁写有“如果你有多余的衣服，就留这儿吧。如果你需要它，带走它”的字样。你还发现墙边有几个人正在挑选自己心仪的衣服。

你心想：我家也有很多衣服好好的，却都不想穿，不如也放在这里，让需要的人拿去。这面墙真棒！

几天后，你听见有不少人都在说“友善之墙”上有很多衣服没有洗干净就挂上去了，有的衣服上异味很重，还有一些破旧的内衣、袜子也放在那里了，太难看了。

你对“友善之墙”怎么看？你觉得应该怎样更好地利用这面“友善之墙”呢？我们还可以行哪些友善之举？

小组讨论，选出代表分享各组的观点。

小贴士

物品捐赠须知：

①捐赠衣物不要有破损，不要有明显的污渍，扣子、拉链、鞋带必须完整无缺。

②捐赠衣物一定要清洗干净，最好用消毒液浸泡一下，晒干。

③捐赠衣物不要有内衣、时髦服装、未洗净的衣物。

④尽量少捐夏天的衣物，以御寒衣物为主。

⑤捐赠的书本要选择内容积极向上、健康的读物，工具书也可以。

⑥用结实、干净的袋子将捐赠衣物分类装好，袋子上最好写明内装的衣物种类，封好袋口。

辩一辩

2011 年 10 月 13 日下午 5 时 30 分，年仅两岁的女童小悦悦走在一条巷子里，被一辆面包车撞倒并两次碾压，几分钟后又被一辆小货车碾过。让人难以理解的是，7 分钟内在女童身边经过的 18 个路人，竟然对此不闻不问。最后，一位拾荒阿姨陈贤妹把小悦悦抱到路边并找到她的妈妈。最终，小悦悦经医院全力抢救无效离世。

2013 年 12 月 31 日，某地一男子扶起一位摔倒在路边的老人，并将老人送去医院救治，谁知竟被老人“讹诈”，称其是将自己撞倒之人。为了证明清白，扶老人男子一气之下投池塘自杀。男子扶老人被讹自杀事件经曝光后，讹人老人最终承认是自己摔倒没钱看病，才选择讹诈扶起他的小伙子。

全班分成两组，就以下论题展开辩论：

路遇需要帮助的老人和孩子，我们到底要不要伸出援手？

小贴士

陈贤妹三辞政府慰问金

记者：今天南海区大沥镇政府工作人员给你送去 2 万元慰问金，感谢你用善心去帮助小女孩。当时，你三次都拒绝接受这笔钱，为什么？

陈贤妹：我只是做了一件很平常的事，没想过通过这事让别人给我钱。这不是我自己挣的钱，我拿了心里不踏实。

走进生活

上学路上，小虎骑着自行车匆匆忙忙赶路，一不小心，蹭坏了停在路边的一辆汽车。等了半天，车主也没有出现。

小红和小兰是同桌，又是一对形影不离的好朋友。在一次美术课上，小红不小心用水彩笔把小兰刚买的新裙子弄脏了，小兰急了，而小红觉得自己是无心的，况且还是好朋友，不仅没有道歉，还觉得很委屈。就这样，两个人都耿耿于怀，一对好朋友慢慢疏远了。

如果你是小红和小兰共同的朋友小欣，你会怎样来帮助她俩化解矛盾呢？

小贴士

英国王室为了招待印度当地居民的首领，在伦敦举行晚宴，身为皇太子的温莎公爵主持这次宴会。在宴会上，达官贵人们觥筹交错，相谈甚欢，气氛非常融洽。可就在宴会快要结束时，发生了这么一件事：侍者为每一位客人端来了洗手盘，印度客人看到那精巧的银制器皿里盛着亮晶晶的水，以为是喝的水，就端起来一饮而尽。温莎公爵神色自若，一边与众人谈笑风生，一边也端起自己面前的洗手水，像客人那样自然而得体地一饮而尽。

思考与分享

影片中哪些言行属于友善之举？据此说一说你的发现与感悟。

电影故事

《七号房的礼物》

导演：李焕庆
类型：喜剧 剧情
制片国家 / 地区：韩国
上映时间：2013 年
片长：127 分钟

影片介绍

李龙久只有 6 岁儿童的智商。他和可爱的女儿艺胜相依为命，生活虽然简单清贫，却充满了幸福。一天，为了给艺胜买美少女战士的书包，龙久意外卷入了一起幼童诱拐奸杀案，而死者竟是警察局长的女儿。龙久懵懂无知，搞不清状况，昏头昏脑地就被投入监狱。在 7 号牢房中，聚集着黑帮、诈骗犯等“社会渣滓”。但是龙久孩子般纯洁的心和善言善行，不仅渐渐感动了房中几个“大坏蛋”，还感动了监狱里的科长等人。他们共同合力，冒着巨大的风险将艺胜带入牢房，让龙久父女相会。黑暗冰冷的监牢内，7 号牢房阳光满满……

牵牵大手

我们身边不乏需要帮助的对象。请你和家人一起商议，怎样帮助那些需要帮助的人。

确定受助对象是：	确定捐助方式是：	确定捐助计划为：

我的收获

家长分享

老师点评

“抗疫”主题

防范病毒传播

第五课 应对疾病传染

传染疾病，可防可治不可怕。

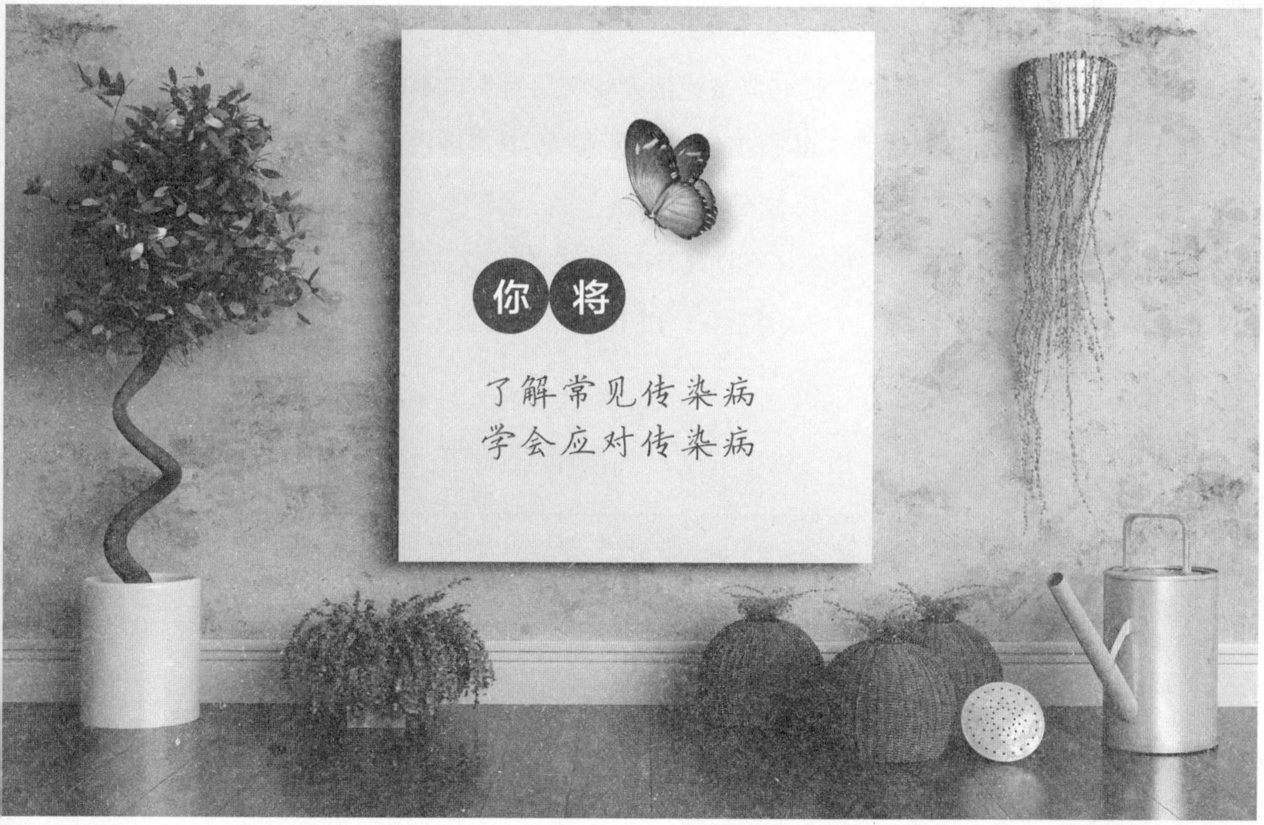

小贴士

传染病预防有高招

勤换衣，多通风，
人多不去凑热闹。
饭前便后要洗手，
生冷食物不入口。
水果蔬菜不可少，
牛奶鸡蛋也需要。
多喝水，多锻炼；
休息好，身体好。
传染病吓得快快跑。

自我测评

1. 你了解肠道传染病的传播途径吗？（　　）

   A. 了解　　B. 了解一些　　C. 不了解

2. 你了解预防艾滋病的相关知识吗？（　　）

   A. 了解　　B. 了解一些　　C. 不了解

3. 你认为流行性脑脊髓膜炎的主要传播方式是（　　）

   A. 飞沫传播　　B. 接触传播　　C. 消化道传播

4. 你认为用煮沸方法杀灭物品上的一般细菌时，至少需要在水中煮沸至100℃，且持续（　　）

   A. 3~5 分钟　　B. 8~9 分钟　　C. 15~20 分钟

5. 你认为被流浪犬咬伤后对伤口不应做的处理是（　　）

   A. 挤出伤口处污血　　B. 用肥皂水反复冲洗

   C. 立刻缝合伤口

6. 为了预防传染病，你家里经常通风换气吗？（　　）

   A. 经常　　B. 有时　　C. 很少

通过以上测试，在老师的点评下，你对自己的测评结果：

非常满意	满意	一般	不满意	非常不满意

互动体验

说一说

观察下面几幅漫画，结合自身体会说一说是哪种疾病影响着他们的身体健康？除此之外，你还知道哪些常见的传染疾病？

小贴士

流行性腮腺炎症状：腮腺部位肿胀，肿痛逐渐加重；体温迅速上升，可达39度以上；严重患者吞咽难；流行性腮腺炎可有并发症。

红眼病症状：流泪、畏光、眼皮红肿，眼皮常被分泌物粘住，不易睁开。红眼病发病急，多发于夏秋季，主要通过眼—手—眼传播。传染性很强，刺激后症状加重，结膜水肿充血，角膜损害等等。

小贴士

传染病是一种可以从一个人或其他物种，经过各种途径传染给另一个人或物种的感染病。通常这种疾病可借由直接接触已感染之个体、感染者之体液及排泄物、感染者所污染到的物体传播，可以通过空气传播、水源传播、食物传播、接触传播、土壤传播等。

选一选

下列哪些疾病属于传染病，哪些不属于传染病，将结果填入相应的栏目内。

百日咳　细菌性痢疾　病毒性肝炎　流行性腮腺炎
近视　麻疹　流行性感冒　水痘　艾滋病　淋病
梅毒　流行性脑脊髓膜炎　狂犬病　麻风病
冠心病　风疹　心脏病

传染病	非传染病

连一连

请把互相对应的传染病种类、主要传播途径和常见传染病用线连一连。

种类	主要传播途径	常见传染病
呼吸道传染病	吸血的节肢动物	流感、白喉、百日咳、猩红热、流行性腮腺炎
消化道传染病	接触	细菌性痢疾、病毒性肝炎、伤寒、蛔虫病、蛲虫病
血液传染病	饮水、食物	疟疾、流行性乙型脑炎、黑热病、丝虫病
体表传染病	飞沫、空气或直接接触	狂犬病、破伤风、血吸虫病、沙眼、疥疮、癣、急性出血性结膜炎

试一试

佩戴口罩对预防呼吸道传染病能起到一定的作用。比较不同口罩的特点，讨论应该怎样选择口罩。之后两人一组试戴口罩，看看彼此佩戴口罩的方法是否正确。

小贴士

佩戴口罩的注意事项：

①佩戴口罩前要洗手；
②口罩应完全覆盖口鼻和下巴；
③佩戴口罩后，避免触摸口罩；
④摘口罩时不碰口罩外部，以免细菌沾到手，摘下口罩后立刻洗手。

常用口罩类别

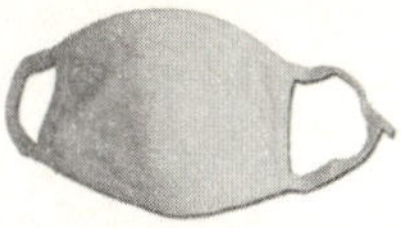

棉布口罩

医用无纺布口罩

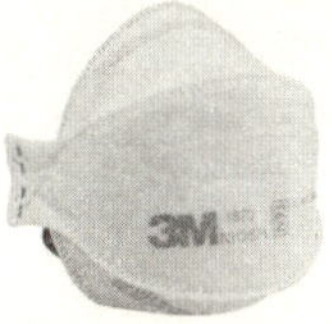

N95 口罩

活性炭口罩

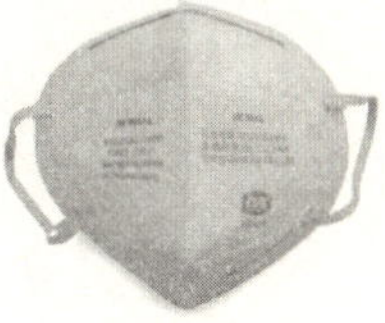

防尘口罩

小贴士

预防传染疾病三部曲：

①控制

控制传染源。通常患者就是传染源，建议患者在家休息，少去人多拥挤的地方，经医生确保度过传染期后，方可与人接触。

②切断

切断传播途径。患者住过的房间要开窗通风半小时，患者穿过的衣服、用过的物品要消毒清洗，被褥要在阳光下晾晒，接触患者后要洗手。

③保护

保护易感人群。不让易感人群与传染源接触。让这些易感人群少去人多的地方，并接种疫苗，保证充足的睡眠，适当加强锻炼。

做一做

以小组为单位，针对某一种常见传染疾病，为学校设计一张防治相关传染病的宣传海报。要求写出疾病的特征、传播途径和预防措施。

走进生活

临近考试，班上有几个同学得了水痘，回家休息了。早上小虎起床时，发现自己有些发热、头痛，全身不适，身上出现了几处皮疹，好像水痘的症状。小虎很矛盾：和老师说吧，就要回家休息，耽误上课，影响考试；不说吧，万一传染给别人怎么办呢？

你认为小虎应该怎么做呢？

小贴士

冬春季是流行性感冒、流行性腮腺炎、水痘等呼吸道传染病的高发季节。建议保持良好的生活卫生习惯，勤洗手，不随地吐痰；房间经常开窗通风，保持室内空气新鲜；儿童、老人、体弱者避免到人多拥挤或空气不流通的场所；病人应主动与健康人隔离；呼吸道传染病病人咳嗽或打喷嚏时应用纸巾或手帕掩口鼻，咳嗽后立即洗手，外出时应戴口罩。

两周后，小虎带着病愈通知，高高兴兴地到学校开始学习了。不过小虎发现班上有好几个同学最近都没来上学。一打听才知道，原来他们都被传染了诺如病毒。

如果你是小虎的同学，你会让小虎注意些什么？

思考与分享

遇到传染病疑似病人时，我们应该怎么做？

《惊心动魄》

导演：王珈　沈东

类型：剧情

制片国家 / 地区：中国

上映时间：2003 年

片长：90 分钟

影片介绍

2003 年春，一种严重的传染病肆虐全国，某市一名疑似病人突然失踪，为防止疫情扩散，省长指示一定要切断传染源。失踪的疑似病人登上了 1120 次列车，女军医在列车长和乘警长的全力帮助下，迅速展开了一场查找疑似病人的特殊战斗。疫情在车厢内蔓延，更为致命的是，乘客深陷恐慌之中，强烈要求下车。然而，为防止疫情向农村和山区扩散，省委和铁道部决定途中不再停车，医疗物资的匮乏、乘客的恐慌以及重症患者危在旦夕……

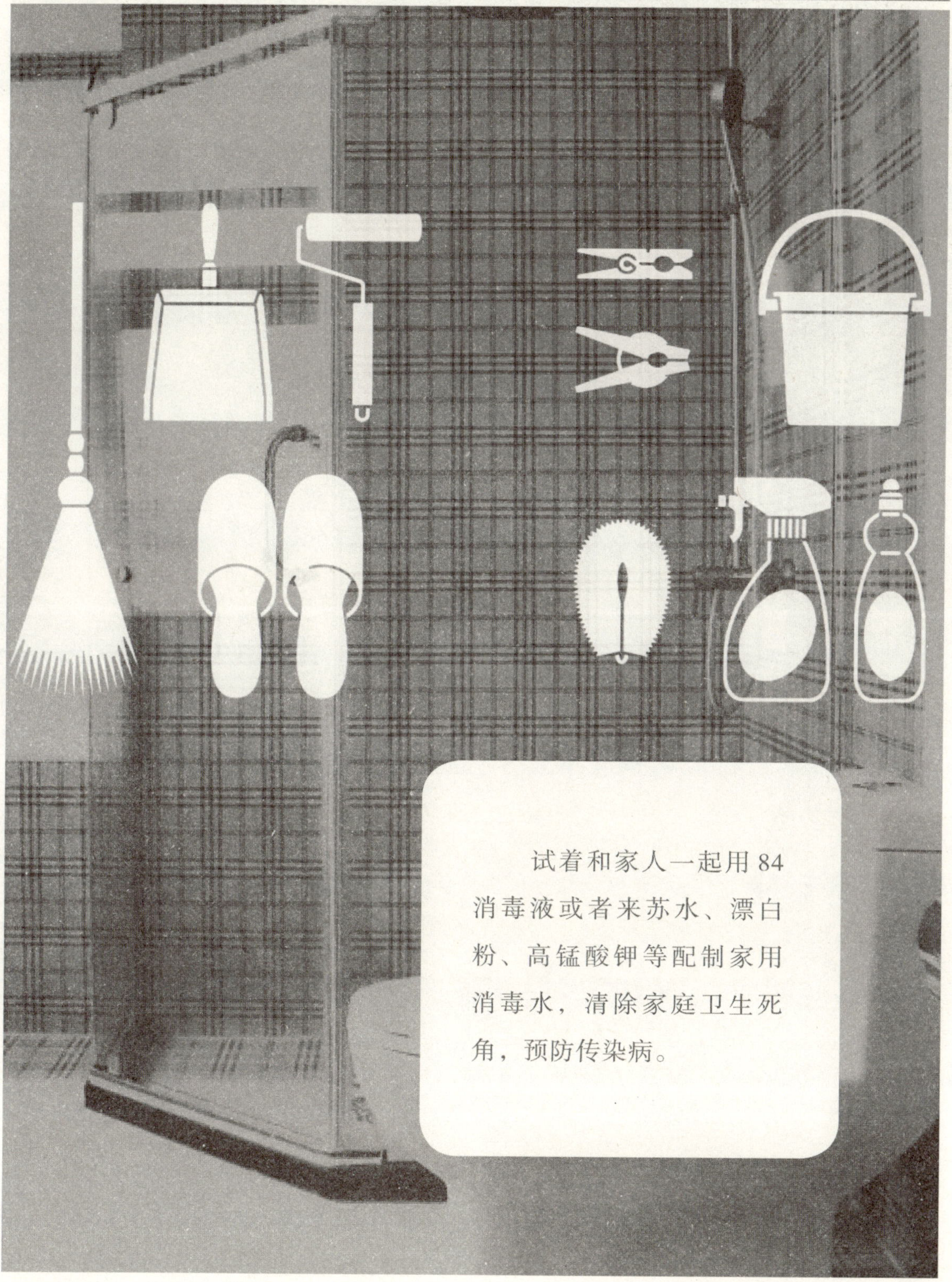

试着和家人一起用84消毒液或者来苏水、漂白粉、高锰酸钾等配制家用消毒水，清除家庭卫生死角，预防传染病。

我的收获

家长分享

老师点评

第六课 明辨是非善恶

只有明辨是非，方能正确选择。

你将

学会明辨是非
懂得择善而行

小贴士

所谓“是”是指对的、正确的。所谓“非”是指错误的、不对的。“是非”是指事理的正确与错误。

所谓“善”，就是满足人们需要的合理性。具体地说就是在社会当中个人需要的满足不能损害他人的利益。所谓“恶”，就是与“善”相对的东西。

自我测评

1. 你判断生活中是非善恶的标准是（　　）

A. 道德标准　　B. 法律标准　　C. 以个人好恶为标准

2. 你的同学在期末考试中获得了年级第一的好成绩，你内心的想法是（　　）

A. 这没有什么大不了的

B. 通过自己的努力也可以获得好的成绩

C. 为了获得同样的成功可以不择手段

3. 在校园里，当高年级的学生向你索要财物时，你会（　　）

A. 和他们打一架，让他们知道我的厉害

B. 没有办法，只得顺从他们

C. 先答应他们的要求，然后告诉班主任

4. 班里有很多同学都“恋”上了奇装异服，并彼此之间进行攀比。这时你会（　　）

A. 我行我素，保持自我风格

B. 向他们学习，尝试改变自己

C. 试图说服他们，制止风气蔓延

5. 对于中日钓鱼岛争端，你的态度是（　　）

A. 那是政府的事，与我无关

B. 钓鱼岛是中国的固有领土，绝不退让

C. 钓鱼岛是一个小岛，无所谓

通过以上测试，在老师的点评下，你对自己的测评结果：

非常满意	满意	一般	不满意	非常不满意

互动体验

说一说

美国电视剧《成长的烦恼》中有这样一个场面：

西瓦尔医生的长子麦克去参加一个聚会，他的一些朋友躲起来吸食可卡因。有人怂恿麦克也去尝尝，麦克受到诱惑，但他知道可卡因是毒品，所以拒绝吸食。一道门隔开了麦克和伙伴们。门内是吸食可卡因的伙伴，门外是左右为难的麦克。

是要健康还是吸毒品？

是要伙伴还是选择孤独？

是要“勇敢”的“赞誉”，还是接受“胆小”的“嘲讽”？

是选择一次新奇的尝试，从此有夸耀的资本，还是做一个“落伍”的人？

……

小贴士

判断是非的5个忠告：

①是否符合公众利益；
②是否符合公认的价值观；
③是否会给他人带来伤害；
④是否符合自己的长远利益；
⑤是否有理有节。

学习和生活中，你有没有类似的经历？

如果你是麦克，你的选择是什么？为什么？

小贴士

我们在生活中做许多事情都离不开价值判断，都要明确好坏是非。因此如何分辨善恶是非，就是做人的首要问题。

只有当我们知道了什么是善恶是非以后，才能决定自己该做什么、不该做什么，才能扬善抑恶。判断是非善恶需要正确的这是一把良知的标尺。良知是指人的本能中具有的以及通过后天学习形成的判断善恶是非的能力。

议一议

在我们的生活中，似是而非的误区相当多。比如：

“等价交换”——我帮你做作业，你帮我做值日。

“以牙还牙”——你欺负了我的朋友，我和我的朋友必须报复。

“伸张正义”——如果有人欺负我们班的同学，我一定会打断他的腿。

“别人做，我也可以做”——在许多名胜古迹常常可以看到“××到此一游”，我也可以跟着写一笔。

“谈恋爱是一个人的自由，老师凭什么来管我。”

“我还没满18周岁，还是未成年人。因此，谈不上违法犯罪。”

……

你还能说出哪些类似的观点，对于这些观点，大家怎么看？

辩一辩

有人认为：生活是一场赌博，诚信就是赌注，为了巨大的收获，值得把信誉押上。

对于这样的观点，你是支持还是反对？为什么？

分正反两组展开辩论。

小贴士

1988年汉城奥运会，加拿大短跑名将约翰逊，用9秒79的时间就跑完了百米全程，创造了崭新的世界纪录。他高举加拿大国旗绕场一周，接受8万观众的欢呼。然而，几天之后，国际奥委会宣布：约翰逊赛前服用了兴奋剂。约翰逊9秒79的世界纪录作废，收回他获得的奥运会金牌。顿时，约翰逊成为全世界谴责和嘲讽的对象。加拿大总理马尔罗尼痛心地说，这不仅是约翰逊个人和家庭的悲剧，也是全体加拿大人的悲剧。

写一写

小贴士

事在是非，公无远近。
——[唐]张九龄

良知只是个是非之心。
——[明]王守仁

毁誉从来不可听，是非终久自分明。
——[明]冯梦龙

行善比作恶明智；温和比暴戾安全；理智比疯狂适宜。
[英]罗伯特·勃朗宁

材料一：被称为“雷锋传人”的郭明义一家住在不足40平方米的房子里。10多年来，他助人为乐，不图回报，累计为“希望工程”捐款10余万元，先后资助180多名特困生；他义务献血6万毫升，相当于自己血液的10倍；15年里，他走过的采场公路里程达10万多里，相当于4次长征的路程。

材料二：2010年10月20日23时，大学生药某驾车行驶至某一路段，撞上前方同向骑电动车的张某，药某下车查看，发现张某倒地呻吟，因怕她看到其车牌号，以后找麻烦，遂从随身背包中取出一把尖刀，上前对倒地的张某连捅数刀，致其当场死亡。

结合你心中的是非善恶，请试着给郭明义和药某各写一封短信。

走进生活

小虎看到这样一则电视新闻：某小区，几名男女手持装满汽油的雪碧瓶，来到某幢楼后的小花园——一只母狗和两只小狗的家。他们将汽油浇在小狗身上，点燃打火机。刹那间，小狗的惨叫声、刺鼻焦煳味和滚滚浓烟四处弥漫，打破了小区的平静。众多居民走出家门，当面谴责烧狗行径。其中一名 40 岁男子则狡辩：狗半夜叫得人睡不好觉，一把火烧死拉倒。

看完这则新闻，小虎非常气愤，对一起看新闻的小欣说："太可恶了，应该烧死这些没有人性的人！"

如果你是小欣，听了小虎的话，会说些什么？

小贴士

批评指责不良的行为，是每个公民的权利，是有社会责任感的表现。但是，批评别人的"非"，未必就能证明自己代表了"是"，即使自己是正确的，批评的方法、手段过分，正确也会走向错误。以暴易暴，用缺乏人性与理性的语言来指责社会上的"非"，用狭隘的民族主义情绪来谩骂，其实是一种病态，应该引起我们的警觉。

电影故事

《拉贝日记》

导演：佛罗瑞 · 加仑伯格
类型：战争 剧情
制片国家 / 地区：中国,法国,德国
上映时间：2009 年
片长：134 分钟

思考与分享

《拉贝日记》反映了怎样的史实？影片中的拉贝给了你怎样的启示？

影片介绍

1937 年，中国时局动荡，时任德国西门子公司驻华代表及纳粹党驻华负责人的汉堡商人约翰 · 拉贝目睹了日军进入南京后惨无人道的屠杀。他不顾让他立刻回国的命令，联合了十几位外国传教士、医生、商人等共同建立了“南京国际安全区”，前后共拯救了大约 25 万中国平民……1938 年回到德国后，拉贝公开发表了自己的日记，控诉日军的残暴行径。纳粹当局因害怕南京大屠杀的真相曝光，将《拉贝日记》列为禁书，并关押了拉贝本人……

牵牵大手

和家人聊一聊互联网给现代生活带来的负面影响。谈一谈自己的看法。

1. 网名恶俗。
2. 言论没有法律与道德意识。
3. “灌水”。
4. 沉迷网络暴力或色情游戏。
5. 轻信及传播网络谣言。

我的收获

家长分享

老师点评

“抗疫”主题 学会自我管理

第七课 我会管理自己

成功来自彻底的自我管理和毅力。

你将

明确自我管理之责

掌握自我管理之法

小贴士

自我管理就是指个体对自己本身，对自己的目标、思想、心理和行为等表现进行的管理，自己把自己组织起来，自己管理自己，自己约束自己，自己激励自己，自己管理自己的事务，最终实现自我奋斗目标的一个过程。

自我测评

1. 在需要当机立断时，你总是（　　）

A. 紧张、兴奋　　B. 镇静地运用理智

C. 介于 A、B 之间

2. 尽管有的同学和你的意见不合，但你仍能跟他搞好团结（　　）

A. 是的　　B. 不一定　　C. 不是的

3. 对自己制订计划的完成情况（　　）

A. 从没制订过计划

B. 制订过计划，但很少能够完成

C. 能够完成自己计划的事

4. 在参加讨论时，你总是能坚持自己的立场（　　）

A. 经常如此　　B. 一般情况下可以　　C. 不能

5. 你认为付出与回报总是成正比吗？（　　）

A. 是的，一分耕耘，一分收获

B. 不一定，有时候花的时间很多，但看不到什么效果

C. 大部分时间都在做没什么意义的事

6. 在人声嘈杂的环境中，你仍能不受干扰，专心学习吗？（　　）

A. 是的　　B. 不能　　C. 介于 A、B之间

通过以上测试，在老师的点评下，你对自己的测评结果：

非常满意	满意	一般	不满意	非常不满意

互动体验

演一演

情境一：九年级的寒假，你需要提升自己的地方还有很多，但平时上学已经非常辛苦，你想好好放松一下……

场景 A：父母每天催你做功课，但你自己想先痛痛快快玩几周，其他的等到快开学再说，面对父母每天的“唠叨”你很烦躁。

场景 B：自己先制订好复习功课、社会实践、运动休闲等各方面的计划，然后全家一起开会讨论，如何安排好这个假期生活。

情境二：这次月考小林考得不错，他想用自己的压岁钱买双名牌鞋来奖励一下自己，但父母认为小林有鞋穿，没必要这么浪费，还不如一家人好好出去吃个饭庆祝一下……

场景 A：小林心里很不痛快，执意要买；父母认为小林这样是乱花钱又不听话。

场景 B：小林对父母说明自己想要买这双鞋的理由，一家人商量后决定购买符合家庭实际收入水平的鞋子，并且一起动手在家准备了一桌丰盛的晚餐。

小贴士

自我管理的内容：

①目标管理
②学习管理
③行为管理
④时间管理
⑤情绪管理
⑥人际管理
⑦财务管理
⑧形象管理
……

失败是一系列的不自律导致的小失败堆积而成的。

——美国杰出商业哲学家，吉米·罗恩

表演要求：

1. 小组推荐代表表演，推荐代表分享感悟。

2. 全班同学思考：生活中，我遇到过类似自我管理的困扰吗？我当时是怎样处理的？现在想想还有更好的处理方式吗？

小贴士

自我觉察是自我管理的重要部分。自我觉察是对自己身心活动的觉察，即对自我以及自己与周围环境关系的多方面、多层次的认知、体验和评价，是个体关于自我全部的思想、情感和态度的总和。

自我觉察包括：

①自我认知（我是谁，我是一个什么样的人）。

②自我体验（我对自己是否满意，我是否悦纳自己）。

③自我调控（我如何改变现状成为理想中的我）。

议一议

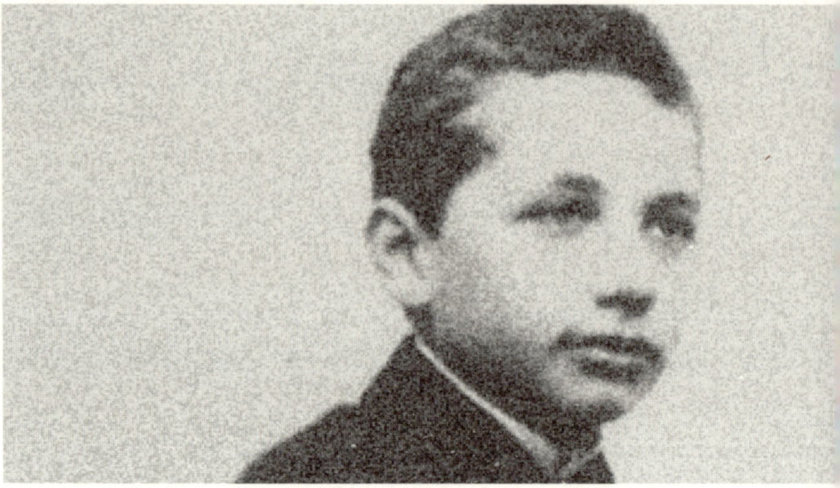

爱因斯坦小时候是个十分贪玩的孩子，他的母亲常常为此忧心忡忡。

有一天，爱因斯坦的父亲给他讲了个故事，说："昨天，我和杰克大叔去清扫工厂的一个大烟囱。他在前面，我在后面。后来，钻出烟囱，我发现杰克大叔的身上、脸上全都被烟灰蹭黑了，而我身上竟连一点烟灰都没有。"

爱因斯坦的父亲继续微笑着说："我心想，我肯定和他一样，脸脏得像个小丑，于是我到附近的小河里洗了又洗。而你杰克大叔呢，他看见我干干净净的，就以为他也和我一样干净呢，于是只草草洗了洗手就大模大样上街去了。结果，街上的人都笑痛了肚子，还以为你杰克大叔是个疯子。"爱因斯坦听了，忍不住和父亲一起大笑起来。父亲笑罢，郑重地对爱因斯坦说："其实，别人谁也不能做你的镜子，只有自己才是自己的镜子。"

爱因斯坦听了顿时满脸愧色，从此他离开了那群顽皮的孩子们。他时时用自己做镜子来审视和映照自己，终于映照出了他熠熠生辉的人生。

1. 为什么爱因斯坦最终能映照出他熠熠生辉的人生？

2. 在现实生活中，你的"镜子"是什么？从你的镜子中，你得到了哪些收获呢？

填一填

时间管理矩阵法是按重要性和紧迫性对事情进行划分。重要性是和目标息息相关的，紧迫性是指必须立即处理的事情，不能拖延。

时间管理矩阵法将事件分为四种类型：重要且紧急，重要但不紧急，紧急但不重要，不紧急也不重要。请根据时间管理矩阵法，将你当下的事件归类到下面的表格中。

	紧急	不紧急
重要		
不重要		

小贴士

时间管理矩阵法要点：

①重要且紧急的事情——必须立刻做。

②重要但不紧急的事情——有计划地去做。

③紧急但不重要的事情——少做。

④不紧急也不重要的事情——尽量不做。

小贴士

管理情绪的方法：

①改变对不良情绪的认识与评价，要敢于面对不良情绪。
②找到影响情绪波动与变化的原因及规律。
③不良情绪产生时，转移注意力，学会合理宣泄（哭、唱、诉、动）。
④学会控制情绪，就是要做到“喜怒有常，喜怒有度”。
⑤树立坚定的目标，即使碰到挫折与逆境，也能够克服合理的负面情绪，不会过度夸大情绪的作用，而能够理性、积极地去面对问题，有建设性的作为。

走进生活

小虎今天倒霉透了。早晨，在上学的路上自行车轮胎扎上了钉子，结果上课迟到了，被班主任批评了一顿，他很不高兴。第一节英语课上，他从老师那儿得知由于初赛发挥不好，失去了参加自己向往已久的奥林匹克英语复赛资格，这让他更加沮丧。放学后，他骑车心不在焉，一不留神摔倒了，小腿受伤了，膝盖也磨破了……小虎的心情差到了极点，感觉整个世界都在和他作对。

请你想一想，小虎应该怎么做呢？

电影故事

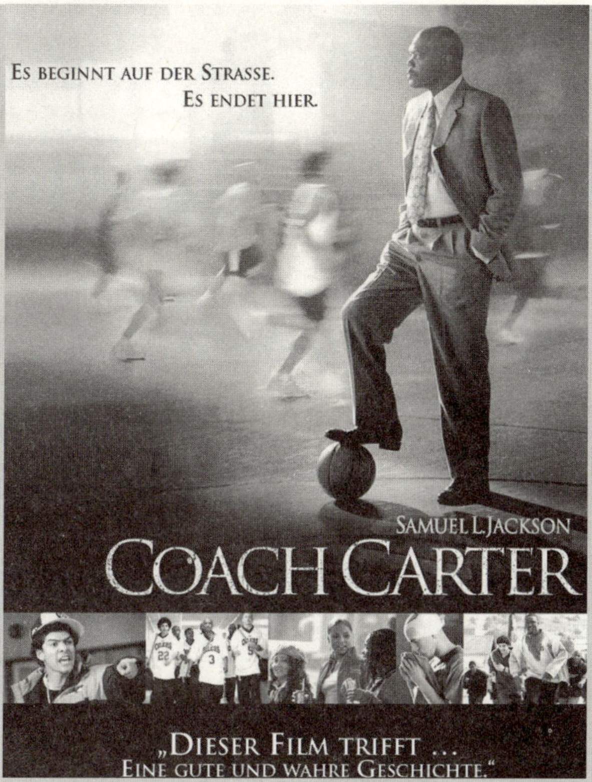

《卡特教练》

导演：托马斯·卡特
类型：剧情 / 励志
制片国家 / 地区：美国
上映时间：2005 年
片长：136 分钟

思考与分享

影片中卡特教练的哪一句话最能打动你？你的感悟是什么？

影片介绍

里士满高中篮球队原本从未在任何比赛中获胜过，是一支屡战屡败的队伍，这一切在卡特教练执教之后发生了变化。他相信这支队伍在他的带领下可以成为最优秀的篮球队，所以他要求队员和他签订一个协议，约定队伍如果不团结或是成绩不佳就不再继续参加任何比赛。在卡特教练的带领下，这支队伍开始走上坡路，最后成为无人能敌的常胜王。

我的收获

家长分享

老师点评

“抗疫”主题

学会疫情处理

第八课
学会紧急避险

机智冷静、沉着应对，是保全自己和他人的关键。

你将——

学会远离危险
提高避险能力

小贴士

突发事件的预警级别，按照其发生的紧急程度、发展势态和可能造成的危害程度分为一级、二级、三级、四级，分别用红色、橙色、黄色、蓝色标示，一级为最高级别。

小贴士

紧急避险不适用的人群

消防队员、医生、护士、船长、海员、民航驾驶员、防汛员、警卫员、警察等，不能为了使自己避免危险而采取紧急避险的行为，因为同一定危险做斗争是他们的职责和义务。

自我测评

1. 洪水发生时不正确的做法是（　　）

A. 迅速向山坡、高地、楼房、避洪台等地转移

B. 准备足够的饮用水、食品和日用品

C. 如洪水继续上涨，坚守房屋，保护财物，决不转移

D. 如被卷入洪水中，应尽可能抓住固定的或能漂浮的东西

2. 泥石流发生时首先应该采取什么措施？（　　）

A. 等到泥石流快到的时候再撤离

B. 带上自己的财物一起撤离

C. 第一时间迅速撤离

D. 不管什么方向，只要跑就行了

3. 遇到雷电时以下做法正确的是（　　）

A. 在空旷的地方打着雨伞迅速赶路

B. 在房间里看电视或玩电脑

C. 在户外可躲到高处去避雨

D. 在野外可找低洼的地方或沟渠蹲下避险

4. 遇到海啸首先应该采取什么措施？（　　）

A. 立即离开海岸，迅速到高地等安全处躲避

B. 向建筑物密集的地方撤离

C. 没有感觉到震动可以不立即离开海岸

D. 尽量躲在房屋或其他建筑物内

通过以上测试，在老师的点评下，你对自己的测评结果：

非常满意	满意	一般	不满意	非常不满意

互动体验

【学一学】

守护生命十大黄金法则

一、地震

遇地震，先躲避，桌子床下找空隙，靠在墙角曲身体，抓住机会逃出去，远离所有建筑物，余震蹲在开阔地。

二、火灾

火灾起，怕烟熏，口鼻捂住湿毛巾，身上起火地上滚，不乘电梯往下奔，阳台滑下捆绳索，盲目跳楼会伤身。

三、洪水

洪水猛，高处行，土房顶上待不成，睡床桌子扎木筏，大树能拴救命绳，准备食物手电筒，穿暖衣服度险情。

四、台风

台风来，听预报，加固堤坝通水道，煤气电路检修好，临时建筑整牢靠，船进港口深抛锚，减少出行看信号。

五、泥石流

下暴雨，泥石流，危险处地是下游，逃离别顺沟底走，横向快爬上山头，野外宿营不选沟，进山一定看气候。

六、雷击

阴雨天，生雷电，避雨别在树下站，铁塔线杆要离远，打雷家中也防患，关好门窗切电源，避免雷火屋里窜。

七、暴雪

暴雪天，人慢跑，背着风向别停脚，身体冻僵无知觉，千万不能用火烤，冰雪搓洗血循环，慢慢温暖才见好。

八、龙卷风

龙卷风，强风暴，一旦袭来进地窖，室内躲避离门窗，电源水源全关掉，室外趴在低洼地，汽车里面不可靠。

九、疫情

对疫情，别麻痹，预防传染做仔细，发现患者即隔离，通风消毒餐用具，人受感染早就医，公共场所要少去。

十、防化

化学品，有危险，遗弃物品不要捡，预防烟火燃毒气，报警说明出事点，运输泄漏别围观，人在风头要离远。

小贴士

侧门逃生最快捷，侧窗最好用安全锤砸开，而使用高跟鞋、剪刀都无法打开落水车辆的车窗。

小贴士

当水位仅位于车门下部1/3时，车门是很容易推开的。

但如果车辆已经入水较深，甚至水面没过车顶，此时基本上很难打开车门。这时不能盲目用力，以免大量消耗体力。保持镇定，坐在车内放轻松，等车内灌满水后，车内外的压力会变得均等，这时再松开安全带，你会有充足的力气且能够很轻松地打开车门游出来。

【练一练】

汽车落水逃生

模拟汽车落水时，正确逃生的几个主要步骤，可以用桌椅等道具模拟汽车。

1. 慢慢降低车窗，在水流进入车窗期间逃出。

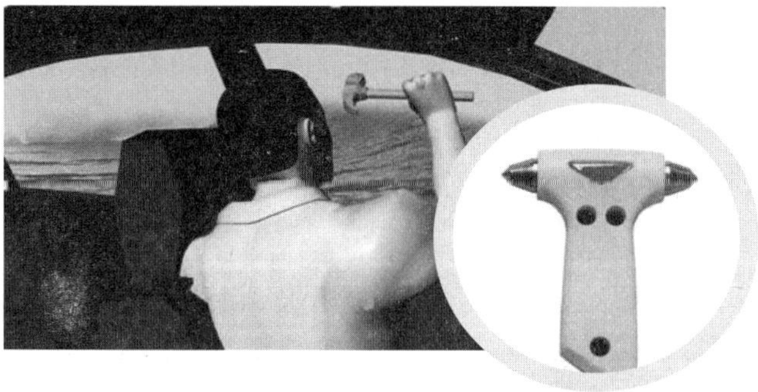

2. 如果车窗无法降下，需用工具打破车窗。

3. 若车门无法打开，车主需镇定，等进入车内的水接近颈部时，先吸一口气，等车内灌满水后再尝试打开车门。

【演一演】

公交车火灾逃生

假设你乘坐公交车时突然遇到火灾，请演示如何快速逃离险情。和你的同学一起完成。

如果火势较小，应选择灭火；如果火势很大，应赶紧逃生。

1. 利用车载灭火器

紧急情况下，乘客可用安全锤击碎侧窗玻璃逃生。

2. 利用安全锤

乘客只要旋转车顶天窗上的红色扳手，就能将天窗打开。

3. 利用天窗

小贴士

公交车发生火灾时，最忌大家都乱了阵脚。如果每个人都想先挤下车，反而会在慌乱中错失逃生的机会。

小贴士

如果由于特殊情况无法找到安全锤，可以选择尖状硬物（如钥匙、手表等），用其棱角击打车窗破窗点或车窗四个边角，将玻璃击碎。

小贴士

公交车火灾逃生需知

①脱离现场。公交车上起火，火势多发展迅猛，应立即打开门窗就近迅速撤离。

②遮住口鼻。资料显示，火灾中被浓烟熏呛致死的人数是烧伤致死人数的4—5倍。用湿毛巾或衣物遮掩口鼻，不但可以减少烟气的吸入，还可以过滤微小碳粒，有效防止窒息的发生。

③低姿行进。公交车上发生火灾，因火势顺空气上升，在贴近地面的空气层中，烟害往往是比较轻的。俯身低姿行走可以较好地规避烟尘并且可以避免火焰直接灼伤。

④短暂屏气。公交车上发生火灾，由于空间狭小密闭，浓烟中一氧化碳的浓度很高，人们呼吸2—3次就会失去知觉，呼吸1—3分钟就会死亡。所以在冲出火灾现场的瞬间，屏气将帮助你安全脱离火海。

⑤切忌喊叫。因为烟雾和火焰会随着人的喊叫吸入呼吸道，从而导致严重的呼吸道和肺部损伤，所以在火灾现场不要大喊大叫，应保持沉着冷静，听从指挥，方可化险为夷。

顺时针方向转动放气阀，可切断门气路。此状态下，在车内或车外手动就可打开前后门。

4. 利用放气阀

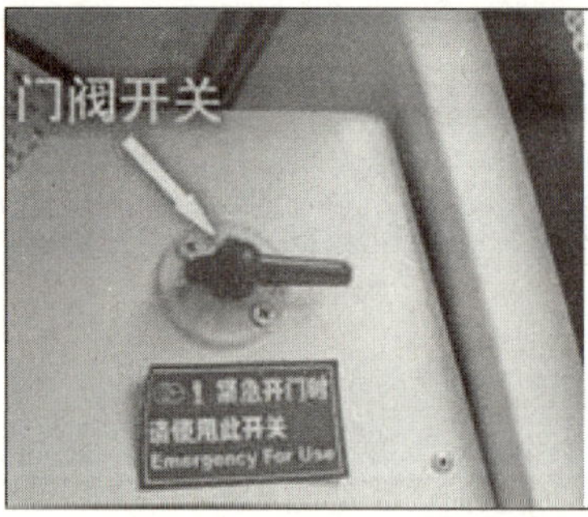

若司机没有及时开启车门，要第一时间手动打开车门。

5. 打开门阀开关

车外施救人员只要旋转该安全阀，就可以在第一时间快速打开车门。

6. 打开车外安全阀

走进生活

母亲节将至，小欣与小虎在商场三楼为妈妈挑选礼物，正在柜台认真挑选的时候，有股刺鼻的气味传来，远处烟雾弥漫，突然警铃大作，顾客都慌乱了起来，原来是商场底楼的餐厅失火了。

紧急疏散时，大家突然发现，商场里的安全出口都堆满了杂物，小欣、小虎和很多人挤在一起，场面非常混乱，情况很危急。

小欣和小虎怎样才能确保人身安全？

小贴士

遭遇火灾的逃生方法

①充分利用建筑物本身的疏散设施进行逃生，如利用缓降器、救生袋、消防电梯、救生滑梯等。

②充分利用阳台、窗户等自然条件攀到周围安全地点自救逃生。

③充分利用自救绳自救逃生。如有专用自救绳索自救最好，没有绳索时，可用居室内的床单、被罩、布匹等制作自救绳，将其一端系牢后，再顺窗下坠逃离火场。

④充分利用建筑外的一些自然条件进行自救。如：屋顶的下水管道、避雷引下线以及任何靠近建筑物的物体（树木、电线杆等）。

⑤将房间的门窗全部关闭，然后拿出被子、毯子、棉衣等可利用的物品，用水浸湿后将门窗蒙严堵实，并不间断地向上泼水，防止大火侵入，同时要及时与外界取得联系，寻求外援帮助，求得逃生。

小贴士

避免雷击要诀

①注意关闭门窗，室内人员应远离门窗、水管、煤气管等金属物体。

②关闭家用电器，拔掉电源插头，防止雷电从电源线入侵。

③在室外时，要及时躲避，不要在空旷的野外停留。在空旷的野外无处躲避时，应尽量寻找低洼之处（如土坑）藏身，或者立即下蹲，降低身体高度。

④远离孤立的大树、高塔、电线杆、广告牌等。

⑤立即停止室外游泳、划船、钓鱼等水上活动。

⑥若多人共处室外，相互之间不要挤靠，以防雷电击中后电流互相传导。

暑假里，小欣、小虎和爸爸妈妈一家外出旅游，走到一处山区景点突遇暴雨来袭，期间电闪雷鸣。小欣和小虎都很害怕，说：“我们还是先找个地方躲一下吧，也许暴雨很快就会过去。”

你觉得小欣和小虎说得对吗？他们需要注意些什么呢？

在景区工作人员的帮助下，他们一家回到了酒店，外面依然电闪雷鸣。小欣说：“我想先洗个热水澡，再看看电视，看来今天哪儿也去不了了。”

小欣的想法对吗？

思考与分享

主人公罗丝为什么能够在海难中幸存下来？

《泰坦尼克号》

原名：Titanic
导演：詹姆斯·卡梅隆
类型：剧情、灾难、爱情
制片国家/地区：美国
上映时间：1997年
片长：194分钟

影片介绍

1912年4月10日，号称“世界工业史上的奇迹”的豪华客轮“泰坦尼克号”开始了自己的处女航，从英国的南安普敦出发驶往美国纽约。在船上，美丽活泼的富家女罗丝与英俊开朗的穷画家杰克相识、相爱。1912年4月14日，一个风平浪静的夜晚，“泰坦尼克号”撞上了冰山。“永不沉没的”“泰坦尼克号”面临沉船的命运，罗丝和杰克刚萌芽的爱情也将经历生死的考验。

拓展延伸

懂得遇险求救信号

1. 火光信号

燃放三堆火焰。火堆摆成三角形，每堆之间间隔相等。保持燃料干燥，一旦有飞机经过，尽快点燃求助。尽量选择在开阔地带点火。

2. 浓烟信号

在火堆中添加绿草、树叶、苔藓或者蕨类植物产生浓烟。潮湿的树枝、草席、坐垫可燃烧更长时间。

3. 旗语信号

将一面旗子或一块色泽亮艳的布料系在木棒上挥动。左侧长画，右侧短画，做“8”字形运动。

4. 声音信号

三声短，三声长，再三声短，间隔一分钟后重复。

5. 反光信号

利用镜子、罐头盖、玻璃、金属片等反射光线。持续的反射将产生一条长线和一个圆点，引人注目。

6. 信息信号

将碎石或树枝摆成箭头形，指示方向。用两根交叉的木棒或者石头表明此路不通。用三块石头、木棒或灌木枝平行竖立或摆放表示危险或紧急。

“抗疫”主题

合理安排作息

第九课

制订健康计划

如果能让自己保持最佳的健康状态，你的生活就会更加轻松快乐。

你将——

学会制订健康计划

积极实践健康行为

小贴士

怎样才算健康？

世界卫生组织对健康的定义：健康是指一种身体上、心理上和社会适应方面的良好状态，而不仅仅是没有疾病。

身体健康：指躯体的结构完好和功能正常。

心理健康：指人的心理处于完好状态，包括正确认识自我、认识环境和及时适应环境。

社会适应能力：即每个人的能力应在社会系统内得到充分的发挥。作为健康的个体应有效地扮演与其身份相适应的角色。

自我测评

请根据自己的日常表现和感受，对自己做一个健康测评。根据回答赋分：“总是”得4分；“经常是”得3分；“有时是”得2分；“很少是”得1分；“不是”得0分。

1. 有足够充沛的精力，能从容不迫地应付学业压力。
2. 处事乐观，态度积极，乐于承担责任，不挑剔事务的巨细。
3. 善于休息，睡眠良好。
4. 应变力强，能适应环境的各种变化。
5. 能够抵抗一般性感冒和传染病。
6. 体重正常，身材匀称；站立时，头、肩、臂位置协调。
7. 眼睛明亮，反应敏锐，眼睑不发炎。
8. 牙齿清洁，无空洞，无痛感；牙龈颜色正常，无出血现象。
9. 头发有光泽，无头皮屑。
10. 肌肉、皮肤有弹性，走路感觉轻松。

通过以上测试，在老师的点评下，你对自己的测评结果：

非常满意	满意	一般	不满意	非常不满意

互动体验

【玩一玩】

请同学们做一个有趣的健康测试——闭眼单脚站立。

1. 两手扶于腰间，紧闭双目，选择站立较为容易的一条腿单腿站立。

2. 抬起的那只脚可以抬高或者放低，但不能与支撑脚接触。

3. 记录从开始到结束的时间。结束标志是支撑脚移位或者抬起的那只脚接触到地面。

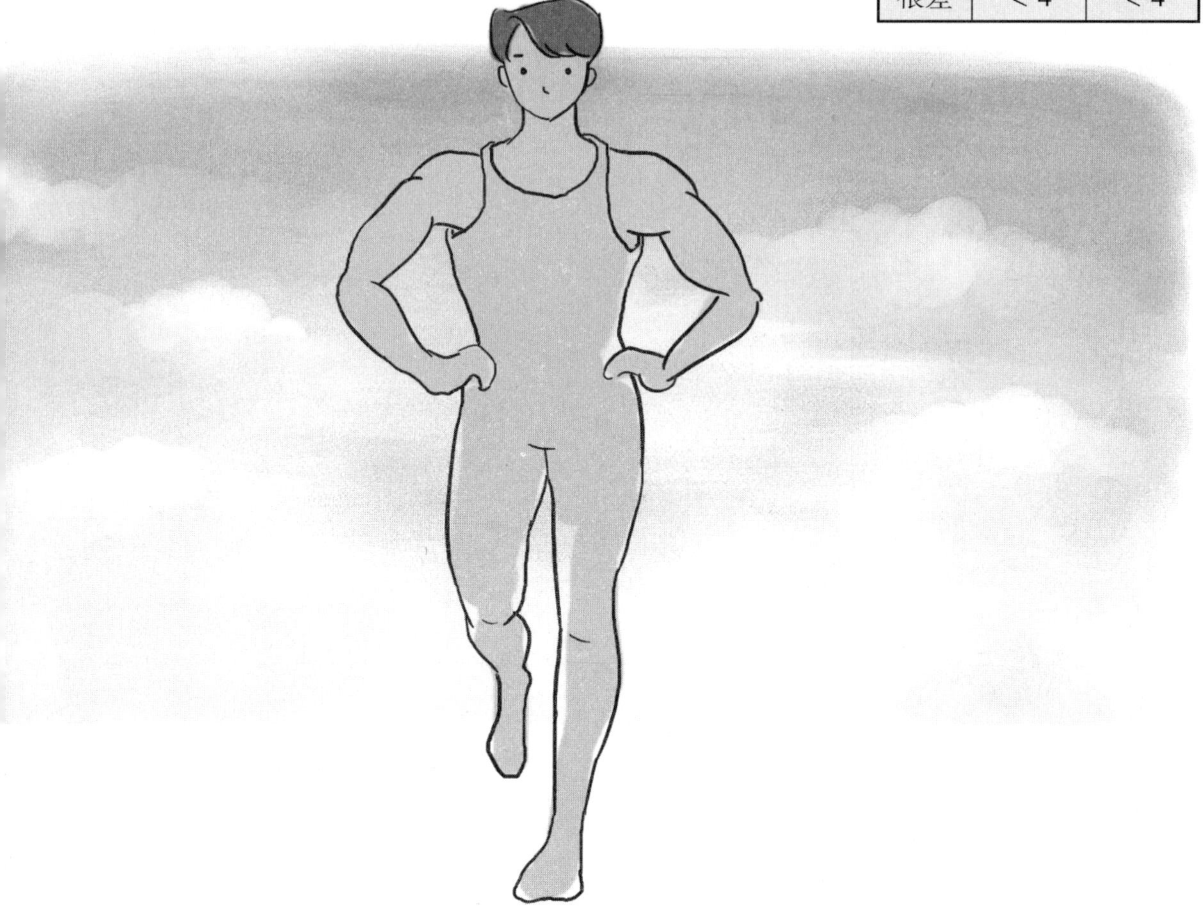

小贴士

"闭眼单脚站立"方法能测验出肌力与平衡功能，有助于判断人体老化程度以及健康状态。

	男（秒）	女（秒）
很好	≥ 110	≥ 110
较好	38~109	36~109
标准	13~37	12~35
较差	5~12	4~11
很差	< 4	< 4

小贴士

不吃早餐的危害

①容易发胖。
②加速衰老。
③易引起便秘。
④降低身体抵抗力。
⑤易患消化道疾病。
⑥影响学习和工作。
⑦加大患慢性病的几率。
⑧易发心肌梗死。
⑨易患胆结石。

小贴士

如何提升睡眠质量?

①坚持有规律的作息时间。
②睡前勿猛吃猛喝。
③拥有一张舒适的床。
④白天午睡不超过1小时。
⑤睡前尽量保持心态平和。

【写一写】

请在下面的表格内补充填写相关内容。

健康行为	不健康行为
经常锻炼	不吃早餐
定期体检	久坐

对照上面的表格反思自己的日常行为习惯，写出需要改善的方面。

需要改善的方面

【填一填】

请结合自己的实际情况，从休息、饮食、运动三个方面制订健康改善方案。

休息目标	
措　　施	
实际效果	

运动目标	
措　　施	
实际效果	

饮食目标	
措　　施	
实际效果	

小贴士

如何让身体保持最佳状态？

①保证良好的休息和睡眠。
②重视运动和锻炼。
③科学合理的饮食。
④良好的社会关系。
⑤乐观的心态。

【做一做】

结合之前的分析与思考，从你认为最需要改善的方面入手，为自己订一个月度健康计划。

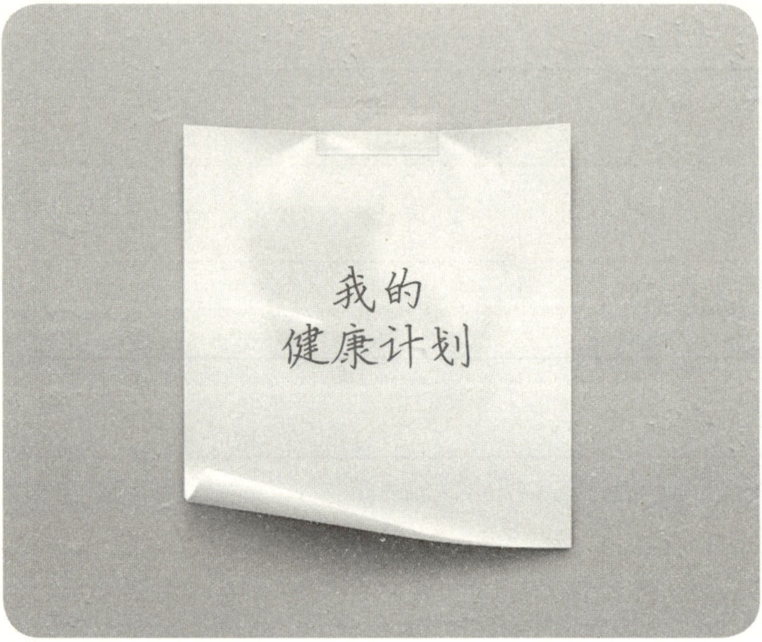

小贴士

为什么要制订健康计划？

研究表明，如果某一行为连续重复三周以上，就会形成习惯；连续重复三个月以上，就会形成稳定的习惯。所以，如果你有一个详细的健康计划，并且能够遵循三个月以上，就很可能形成一个相伴终身的好习惯。

小贴士

制订健康计划注意事项

①了解自己的身体状况，测定身高、体重、血压、心率等基本参数，充分做好各项准备工作。
②有一个大致的规划和设想，明确目标和基本要求。
③注意计划的可行性，合理安排健身时间，选择合适的健身方式，制订适宜的运动强度。

走进生活

进入高中，学习任务越来越重，从早自习到晚自习，几乎一点儿空闲时间都没有，这让从小喜欢运动的小虎很苦恼……

你也有过这样的烦恼吗？该如何处理好学习与运动两者的关系呢？请你来为小虎支支招。

小贴士

体育运动对大脑的作用

①消除疲劳，提高脑力工作的效率。为此，人们常说运动对学习的作用是“磨刀不误砍柴工”。

②促进右脑的开发与利用。运动时右脑工作占优势，从而提高记忆力和右脑发展，有助于提高形象思维能力。

③增加大脑需要的氧气和其他营养物质。科学实验表明，经常从事体育运动的人，心脑血管会更具有弹性，血液循环也更加通畅，大脑功能就会变得更加强大。

④促进大脑的发育，提高神经系统功能。健康的身体，尤其是健全的神经系统是智力发展的物质基础。

⑤改善不良的情绪，使人精神愉快。运动能有效治疗和预防神经紧张、失眠、烦躁、忧郁、思维和反应迟钝、注意力减退等病症。

小虎最近体重有些超标，在同学和老师的建议下，准备控制饮食，增加运动量，来减轻自己的体重。为此，他制订了一份计划，可是才坚持了几天就因为各种各样的原因给耽误了。眼看快到期末了，这份计划肯定要泡汤了。小虎很困惑，说不清楚哪里出了问题。

你能帮助小虎摆脱烦恼吗？

小贴士

制订健康计划的五个步骤

①调查研究。通过调查研究收集信息，更加清楚地了解自己的饮食起居习惯，这样才可以对症下药。

②制订目标。对于任何一项行动，都应当有一个目标，这个目标应该尽可能精确且确实可行，有量化的标准。比如说：截至7月31日，我要减去2千克体重，12分钟能跑2500米。

③饮食计划。根据先前的饮食日记总结自己的习惯，计算自己一天需要的热量，并且根据自己的目标来制订合适的计划。

④运动计划。找出自己最喜欢的运动方式和运动场所，这是可持续的关键。如果你希望自己的肌肉更加漂亮，那就多练练力量；如果你希望减肥，那就多跑跑步。

⑤评估反馈。进行阶段性总结，评估自己的计划。改掉其中不合适的部分。千万不能半途而废，遇到困难也一定要坚持下去。

电影故事

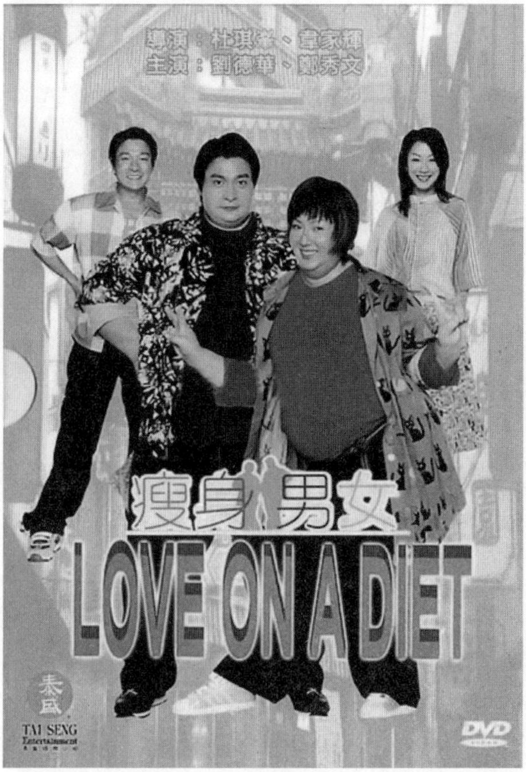

思考与分享

影片中，是什么力量让看似不可能完成的计划最终变成了现实？它对你有何启示？

《瘦身男女》

导演：杜琪峰、韦家辉
类型：喜剧
制片国家 / 地区：中国香港
上映时间：2001 年
片长：94 分钟

影片介绍

明妮被初恋情人黑川抛弃，自暴自弃终日暴饮暴食，由窈窕淑女变成超级肥妹，自卑感油然而生。此时，她认识了同病相怜的肥佬，他们很快成为知己。好心的肥佬决心帮助明妮恢复原来的体形，帮明妮以地狱式方法特训减肥，踩单车、拉油桶，什么苦什么累就做什么。功夫不负有心人，40 多天时间里，肥佬和明妮都减肥成功。

拓展延伸

BBC 纪录片《请相信，我是医生》

主持人迈克尔·莫斯利是一名专门报道医学健康方面的 BBC 记者，节目中他将带领三名英国顶尖医学达人为大家揭秘有关健康方面的话题。

第 1 集：《胖子与瘦子》。本集介绍了如何通过饮食调理与合理运动来调节体内脂肪，让胖子们减掉多余的体重，让瘦子们强化肠胃系统来更好地吸收营养。

第 2 集：《为维生素花钱是不是多余了？》。本集介绍了维生素摄入方面的知识和合理的早餐搭配（食材全部是素食），以及如何通过进行简单的心肺复苏术和急救来帮助那些生命垂危的人，并且指出了久坐、熬夜、暴饮暴食、抽烟等对身体造成的巨大伤害。

第 3 集：《超级大集合》。在本集中，迈克尔为大家揭示了如何应对其他健康危机，如大气污染、百日咳等。

第十课

关注舆论安全

澄清谬误，明辨是非；
连接中外，沟通世界。

你将——

了解舆论安全常识
懂得舆情应对策略

小贴士

舆论有三个基本要素：一是作为舆论对象的人或事件，二是作为舆论主体的公众，三是作为舆论现象本身的意见。

舆论的对象主要有四种形态，即社会事件、社会问题、社会运动、社会冲突。

舆论主体的特点：有共同话题，有参与议论的过程，自发性和松散性，有一定的层序性。

舆论本身的意见有认知、情感、意志三种成分。

自我测评

1. 你的新闻来源主要是通过下列哪些途径？（　　）
   A. 网络　B. 电视、报纸　C. 市井闲聊
2. 你在了解相关新闻后会发表自己的评论吗？（　　）
   A. 会，什么新闻我都要评论两句
   B. 看情况，如果是我感兴趣的，我会评论几句
   C. 不会，我从不发表评论
3. 你认为网络行为是否存在道德约束？（　　）
   A. 是，存在较强约束力
   B. 否，基本没有约束存在
   C. 不太清楚
4. 你认为现在网络舆论的作用如何？（　　）
   A. 很好，发挥了正向的引导作用
   B. 很差，有负面影响
   C. 正面与负面影响并存
5. 针对某些新闻事件的评论，有些意见与言论过于偏激，面对偏激言论时，你会（　　）
   A. 反对或向相关部门举报
   B. 不予理睬
   C. 赞成或转发支持
6. 你对网络舆论真实性的判断是（　　）
   A. 完全相信　B. 半信半疑　C. 完全不信

通过以上测试，在老师的点评下，你对自己的测评结果：

非常满意	满意	一般	不满意	非常不满意

互动体验

【议一议】

曾某系一家传媒公司的员工，负责该公司微信公众号的编辑工作。2015 年 10 月 24 日 13 时许，该公司法人徐某从他人处接收了一段视频，并转发于公司内部群，附文字描述称视频内容系安徽省阜南县苗集镇两户人家因拆房纠纷引发命案致七人死亡。曾某为了提高其负责的微信公众号的阅读量从而收取广告费用，在明知该视频的真实事件系一起交通事故后，仍使用公司电脑将视频内容截图并编辑文字说明，以“一家七口横尸满地！现场惨不忍睹，太恐怖了！”为标题制作了一则虚假信息，并于当日 18 时 22 分在其负责的公司微信公众号上对公众发布。截止到次日 11 时 39 分，该虚假信息点击阅读量超过十万次，引发大量不明真相的网民转发和阜南县苗集镇外出务工人员对家乡的社会治安及当地政府工作不满。

1. 在微信公众号发布的虚假信息为什么会在短时间内引发严重后果？

2. 曾某是否应该承担法律责任？许多不明真相的网民转发这条虚假信息需要承担法律责任吗？

小贴士

新媒体时代舆情传播特点：

传播主体多元化；
传播内容海量化；
传播节点碎片化；
传播方式群际化；
传播范围广泛化；
传播速度瞬间化；
传播结果扩大化。

小贴士

《最高人民法院关于审理编造、故意传播虚假恐怖信息刑事案件适用法律若干问题》的解释指出：

编造恐怖信息，传播或者放任传播，严重扰乱社会秩序的，依照刑法第二百九十一条之一的规定，应认定为编造虚假恐怖信息罪。

明知是他人编造的恐怖信息而故意传播，严重扰乱社会秩序的，依照刑法第二百九十一条之一的规定，应认定为故意传播虚假恐怖信息罪。

【辩一辩】

“秦火火”造谣事件是近年来极为典型的网络谣言事件。“秦火火”主要从事网络推手的业务，为了扩大自身的影响力和知名度，通过多种网络平台，组织策划网络谣言，恶意诋毁公众人物，捏造雷锋生活奢侈等事件。“秦火火”被捕后宣称，就是通过“忽悠”网民的方式，败坏这些公众人物的名誉。他还表示：“谣言并非止于智者，而是止于下一个谣言。”

小贴士

任何个人和组织应当对其使用网络的行为负责，不得设立用于实施诈骗，传授犯罪方法，制作或者销售违禁物品、管制物品等违法犯罪活动的网站、通讯群组，不得利用网络发布涉及实施诈骗，制作或者销售违禁物品、管制物品以及其他违法犯罪活动的信息。

——《中华人民共和国网络安全法》

请结合上述材料，就“公众可以在网络上自由表达意见和发布信息”展开辩论。

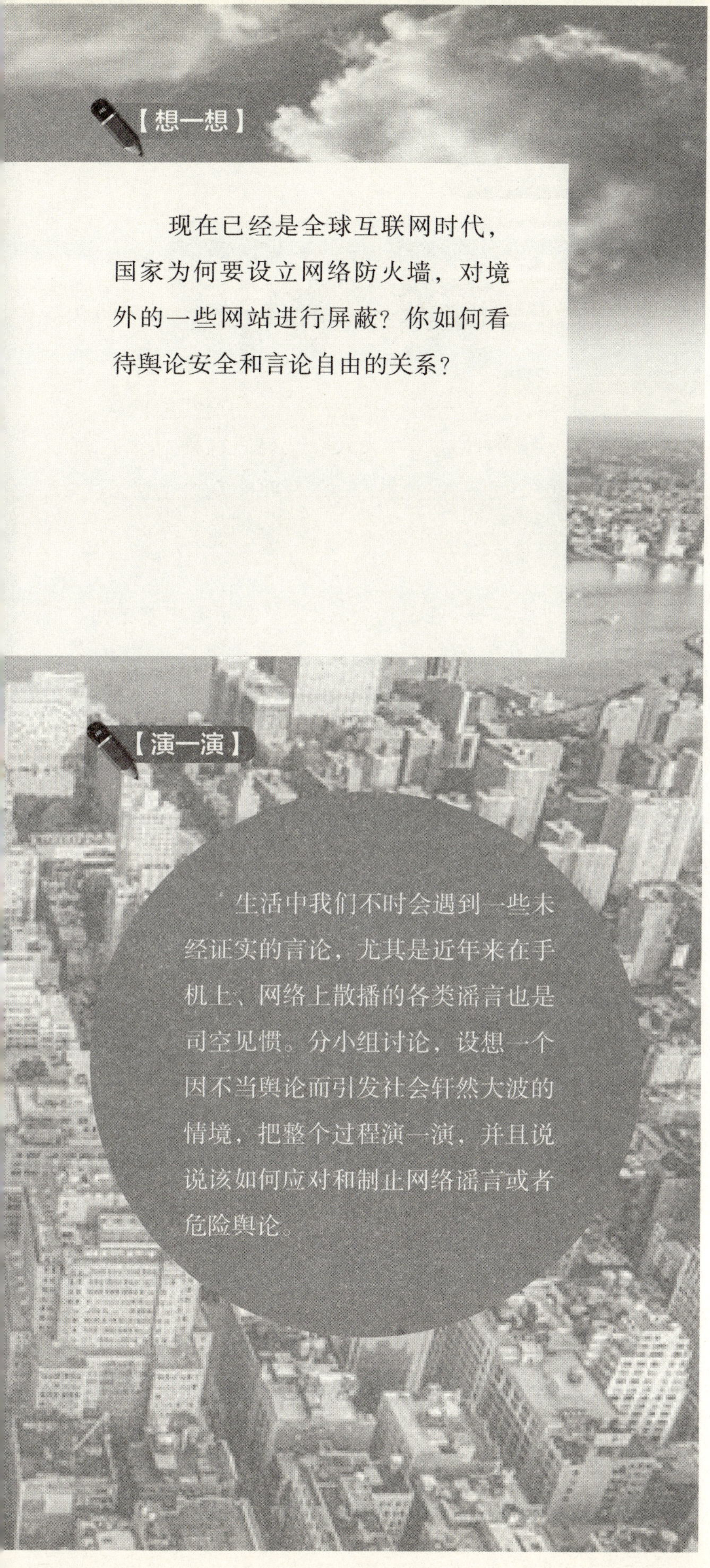

【想一想】

现在已经是全球互联网时代，国家为何要设立网络防火墙，对境外的一些网站进行屏蔽？你如何看待舆论安全和言论自由的关系？

【演一演】

生活中我们不时会遇到一些未经证实的言论，尤其是近年来在手机上、网络上散播的各类谣言也是司空见惯。分小组讨论，设想一个因不当舆论而引发社会轩然大波的情境，把整个过程演一演，并且说说该如何应对和制止网络谣言或者危险舆论。

小贴士

国家采取措施，监测、防御、处置来源于中华人民共和国境内外的网络安全风险和威胁，保护关键信息基础设施免受攻击、侵入、干扰和破坏，依法惩治网络违法犯罪活动，维护网络空间安全和秩序。

——《中华人民共和国网络安全法》

小贴士

加强网络谣言防范的路径：

①完善防范网络谣言的法律法规，规范网络传播行为。

②建立权威信息发布渠道，增强政府公信力。

③强化媒体的责任与担当，确保新闻的真实性，杜绝假新闻。

走进生活

某市网民“棒棒糖”在微博发文称：“我市某中学学生，在校门口殴打一明星及其工作人员，并用水果刀将其中一人捅成重伤，送医后抢救无效身亡。 请扩散。”此消息引起许多网民转发与关注。小虎看到后也想转发，爸爸阻止了他。小虎还有点不服气。后经调查，上述信息实际是网民“棒棒糖”（系某中学学生小红）的恶作剧。经民警对小红及其家长进行教育后，小红对其在网上发布不实言论的行为后悔不已，表示以后不会再有类似行为，并立即将该微博删除。

如果你是小虎，事后会有怎样的思考？

在舆论工作中，“塔西佗陷阱”（指当政府部门或某一组织失去公信力时，无论说真话还是假话，做好事还是坏事，都会被认为是说假话、做坏事）已经成为舆论界不可忽视的现象。小欣目前在大学所在辖区的某一个街道办事处实习，协助街道办抓好社区新闻报道工作，做好重大事件、重大问题及重要节日舆论宣传和舆论引导。

如果你是小欣，你会如何建议政府部门避免陷入“塔西佗陷阱”？

小贴士

《中华人民共和国刑法》第二百九十一条之一规定：编造虚假的险情、疫情、灾情、警情，在信息网络或者其他媒体上传播，或者明知是上述虚假信息，故意在信息网络或者其他媒体上传播，严重扰乱社会秩序的，处三年以下有期徒刑、拘役或者管制；造成严重后果的，处三年以上七年以下有期徒刑。

小贴士

政府部门防止“塔西佗陷阱”的策略：

国务院新闻办把突发公共事件的舆论引导策略概括为“四讲”：

尽早讲，政府要尽快抢占信息发布制高点，第一时间表明对事件的态度及应对措施；

持续讲，向公众不断披露事件进展情况；

准确讲，发布信息真实全面，争取公众的认可；

反复讲，采取各种方式对公众进行答疑解惑。

电影故事

思考与分享

结合影片，请说说你如何看待舆论的力量。

《搜索》

导演：陈凯歌
类型：剧情、悬疑
制片国家、地区：中国
上映时间：2012 年
片长：121 分钟

影片介绍

网络时代的“人肉”搜索技术，通常是娱乐大众的利器，但它也可能成为一种杀人工具。上市企业董事长秘书叶蓝秋在获知自己罹患癌症之后，心灰意冷的她上了一辆公交车，沉浸在惊愕与恐惧中的她拒绝给车上的老大爷让座，引起众议。这一过程被电视台实习记者杨佳琪用手机拍个正着。佳琪将公交车上的新闻火速交给准嫂子陈若兮，凭着新闻主编的敏锐嗅觉，若兮将此新闻恶意放大，从而引发了一场社会大搜索，集体讨伐叶蓝秋的道德沦丧。在公众指责和病魔降临的夹缝中，叶蓝秋结束了自己的生命，也让所有人开始反思……

“大疫面前，勇敢成长”

青少年生命教育系列公益课，是为了贯彻落实教育部办公厅、工业和信息化部办公厅联合印发《关于中小学延期开学期间“停课不停学”有关工作安排的通知》中关于“注重加强爱国主义教育、生命教育和心理健康教育，鼓励学生锻炼身体、开展课外阅读”重要精神，由新教育实验发起人朱永新教授召集，特别邀请全国生命教育领域百位专家、学者、名师，面向青少年开讲的生命教育课堂，每节课 30 分钟左右，围绕“生命”主题，以“过一种幸福完整的教育生活”为核心理念，拓展生命长宽高，引导广大青少年朋友珍爱生命、热爱生活，成就人生。2 月 20 日起，每晚 8：00－8：30 直播，扫描左侧二维码进入。